Ute Schreiber

Das gibt's doch gar nicht!

11 Geschichten
aus dem richtigen Leben

AF202010

Für Lehrkräfte gibt es zu diesem Buch
ausführliches Begleitmaterial beim Hase und Igel Verlag.

© 2006 Hase und Igel Verlag GmbH, München
www.hase-und-igel.de
Lektorat: Petra Klüners
Satz: Margit Kick
Illustrationen: Petra Dorkenwald
Druck: CPI – Ebner & Spiegel, Ulm

ISBN 978-3-86760-055-2
4. Auflage 2021

Inhalt

1. Geschichte:
Das Ferkel

Es sägt und zerrt an meinen Nerven. Pausenlos. Jeden Tag. Und manchmal sogar nachts.

So ein Ferkel macht viel Ärger! Unsere Familie hat nämlich Zuwachs bekommen: Seit einigen Wochen haben wir ein Ferkel. Ein Baby-Schwein. Ja, genau das ist mein kleiner Bruder! Er macht Tag und Nacht nichts anderes als schreien, quietschen, pinkeln, saufen und danach rülpsen. Das heißt dann „ein Bäuerchen machen". Wenn er satt ist, grunzt er. Kaum denke ich, jetzt wird er endlich mal schlafen, geht alles wieder von vorne los! Mit der Ruhe und Gemütlichkeit in unserer Familie ist es vorbei, seit diese Nervensäge da ist.

Vorher hatte ich meine Eltern ganz für mich alleine. Ich war die Hauptperson. Aber jetzt ist das Ferkel der Mittelpunkt der

Familie. Egal was das Ferkel macht, alles wird bestaunt und bewundert: „Wie schön dein Bruder lächelt!" – „Ist er nicht süß?"

Und wenn das kleine Schweinchen seine Windel vollgeschissen hat, heißt es: „Ist das nicht erstaunlich?" Ich frage mich, was daran erstaunlich sein soll! Erstaunlich ist höchstens, wie sehr das stinkt! Wenn das Ferkel schreit wie am Spieß, bewundern meine Eltern seine kräftige Stimme: „Er wird später bestimmt mal ein guter Sänger."

6

So ein Quatsch! Wenn alle Ferkel später Sänger werden würden, wäre die Welt voll mit singenden Schweinen.

Das Ferkel darf machen, was es will! Ich darf das schon lange nicht mehr. Da heißt es dann: „Sei vernünftig! Er ist doch noch so klein und du bist schon so groß!" – „Du siehst doch, wir haben keine Zeit!" – „Komm später noch mal. Jetzt geht es nicht, der Kleine braucht uns gerade!"

So geht das jeden Tag! Ich bin Luft! Noch durchsichtiger als Luft! Ich bin überflüssig geworden wegen dieses nervigen Ferkels! Meine Eltern übersehen mich. Sie tun so, als wäre ich gar nicht da. Oder sie haben keine Zeit für mich.

Aber sie erwarten von mir, dass ich den gesamten Haushalt schmeiße. Sie haben ja keine Zeit mehr! Sie müssen sich dauernd um das schreiende Ferkel kümmern! Ich muss jetzt alles allein machen: aufräumen,

7

saubermachen, einkaufen, sogar Schuhe putzen …

Vorbei ist die Zeit, als ich morgens in die Küche kam und der Frühstückstisch war gedeckt. Heißer Kakao stand duftend an meinem Platz. Mein Vater hatte schon meine Lieblingsbrötchen gekauft. Die mit den Sonnenblumenkernen drauf.

Jetzt muss ich die Brötchen selbst holen. Na ja, nicht wirklich. Sie liegen neuerdings immer vor der Haustür, weil sie geliefert werden. Aber es sind keine Sonnenblumenbrötchen. Ich muss die Kaffeemaschine anschalten. Den Tisch decken meine Eltern immer schon abends. Aber zum Kakaokochen ist morgens keine Zeit mehr. Und Butter, Schinken und Käse muss ich selbst aus dem Kühlschrank nehmen und auf den Tisch stellen. Alles sauviel Arbeit!

Und wer ist schuld daran? Das Monsterferkel! Beim Frühstück herrscht jetzt immer

eine schreckliche Unruhe, weil mein stressiger
Bruder ausgerechnet dann gefüttert werden
muss. Das machen meine Eltern am liebsten
zu zweit. Bevor mein Vater zur Arbeit geht.

5   Es ist ziemlich eklig, beim Frühstücken
dabei zuzusehen, wie dem Ferkel die Hälfte
des Breis wieder aus dem Mund herausläuft.

9

Meine Eltern scheint das nicht zu stören.
Mir verdirbt es den Appetit. Früher fand ich
das gemeinsame Frühstück ganz toll. Jetzt
nicht mehr. Das unverschämte Ferkel hat
5 mein Leben total auf den Kopf gestellt.

Aber was heute passiert, ist der Hammer!
Meine Eltern wollen, dass ich den ganzen
Nachmittag bei dem kleinen Stinktier bleibe.
Und zwar allein. Als hätte ich nichts Besseres
10 zu tun, als auf diesen Störenfried aufzupassen!
Aber meine Mutter muss plötzlich zum Arzt
und mein Vater hat auf einmal wichtige
Termine und kann nicht früher nach Hause
kommen.

15 Das ist mal wieder typisch! Und ich muss
wie immer darunter leiden! „Bin spätestens
in zwei Stunden wieder da", sagt meine
Mutter und zieht ihre Regenjacke an. „Wenn
was ist, kannst du mich auf dem Handy
20 anrufen."

Bevor sie geht, gibt sie mir noch genaue Anweisungen. Sie erklärt mir, was ich tun muss, wenn der kleine Schweineprinz wach wird und heult. Mir doch egal! Soll er halt
5 plärren, bis er rot anläuft. Am liebsten würde ich meiner Mutter sagen, dass sie das dumme Balg mitnehmen soll zum Arzt. Aber es nützt ja nichts. Ich bin einfach zu gutmütig und hilfsbereit. Ja, so bin ich! Immer zur Stelle,
10 wenn ich gebraucht werde. Ich glaube, ohne mich kommen meine Eltern gar nicht mehr zurecht. Na gut, dann werde ich eben auf das Ferkel aufpassen. Draußen gießt es sowieso in Strömen. Da verpasse ich
15 wenigstens nichts.

„Du wirst sehen, er wird ganz ruhig schlafen", hat meine Mutter gesagt. Aber dieses kleine Monster denkt gar nicht daran! Sobald die Haustür zufällt, geht es schon los!
20 Wie auf Kommando beginnt das Ferkel, lauthals zu brüllen.

11

Eigentlich wollte ich mein Buch zu Ende lesen. Keine Chance. Das Ferkel schreit wie am Spieß! Ich versuche, gar nicht hinzuhören, und schaue aus dem Fenster.

5 Ich beobachte, wie die Regentropfen gegen die Scheibe prasseln. Sie hinterlassen Spuren, die wie kleine Bäche aussehen.

Scheußliches Wetter! Den ganzen Tag regnet es schon. Aber das passt zu meiner 10 Stimmung. Ich versuche es mit Ohrstöpseln. Aber dieses Geschrei ist nicht zu dämpfen. Ich setze noch meine Kopfhörer auf, aber das Gebrüll habe ich immer noch in den Ohren. Es ist nicht auszuhalten!

15 Ich muss wohl doch mal nach ihm sehen. Kann ja nicht so schwer sein, diese Heulboje ruhigzustellen! Was hat das Ungeheuer nur, dass es so schreit?

Ich beuge mich über das Kinderbett und 20 schaue hinein. Da liegt der Schreihals. Er streckt seine Arme und Beine in die Luft

und zappelt. Sein Ferkelgesicht ist jetzt nicht mehr schweinchenrosa, sondern krebsrot von der Brüllerei.

Was soll ich nur tun? Einfach wieder gehen? In den Keller vielleicht? Oder in den Garten? Oder soll ich meine Mutter anrufen und sie bitten, nach Hause zu kommen?

Nein, das kann ich nicht machen! Ich muss doch irgendwie mit so einem kleinen Wurm allein fertigwerden!

Plötzlich habe ich das Gefühl, dass er noch lauter schreit. Aber das kann ja gar nicht sein! Da sehe ich, wie er mir seine Arme entgegenstreckt. Was soll das heißen? Ich verstehe: Ich soll ihn hochnehmen. Dazu habe ich überhaupt keine Lust. Jetzt soll ich dieses tomatenrote Schreimonster auch noch anpacken?

Er verschluckt sich und hustet. Seine Arme sind immer noch in der Luft. Na gut! Ich habe ja oft genug gesehen, wie man ihn

13

richtig anfasst, und nehme ihn aus dem Bett.
Er ist erstaunlich leicht. Als er merkt, dass er
seinen Willen bekommt, hört er auf zu
zappeln. Er schnieft noch ein paarmal und
dann ist er still. Damit das so bleibt, fange
ich an zu summen und schaukle ihn leicht
hin und her. „Schlafe, mein Prinzchen, schlaf
ein …"

Zuerst summe ich nur. Aber ich kenne ja
den Text. Als ich noch klein war, hat meine
Mutter mir immer vorgesungen, wenn ich
nicht einschlafen konnte. Also singe ich das
Lied. Immer weiter und weiter. Das ganze
Lied. Und wieder von vorne. Ich merke, wie
sich der Kleine immer mehr beruhigt. Er
schluchzt nicht mehr. Sein Körper entspannt
sich und seine geballten Fäuste öffnen sich.
Ich betrachte seine kleinen Finger. Echt irre!
So kleine Hände und schon alles dran.
Besonders die winzigen Fingernägel finde ich
genial.

Er weint nicht mehr. Sein Gesicht wird ganz weich. Das Tomatenrot verblasst. Jetzt bekommt seine Haut eine zartrosa Farbe. So sieht er aus wie ein Kind, das Werbung für Windeln oder für Babynahrung macht.

Ich schaue ihm in die Augen. Er schaut zurück. Plötzlich fängt er an zu lächeln. Jetzt sieht er überhaupt nicht mehr aus wie ein Ferkel. Er lächelt mich an.

Ich spüre, wie mich eine warme Welle von Zuneigung durchflutet. Das will ich eigentlich gar nicht. Aber es passiert einfach. Ich kann nicht anders und lächle zurück. Mein Bruder gluckst zufrieden, während ich ihn durch die Wohnung trage.

Viel früher, als ich damit rechne, kommt meine Mutter zurück. Plötzlich steht sie hinter uns. Ich habe sie überhaupt nicht kommen hören. Sie lächelt uns an und schnuppert.

„Ich glaube, er braucht eine frische Windel", stellt sie fest.

Ich wundere mich über mich selbst, als ich frage: „Kann ich das machen?"

5 Meine Mutter staunt ein bisschen. „Klar", sagt sie dann, „du weißt ja, wie's geht."

Als ich meinen Bruder zur Wickel-kommode trage, sehe ich, dass die Jacke meiner Mutter ganz trocken ist. Wie 10 komisch! Dabei hat es doch den ganzen Tag wie aus Eimern gegossen …

2. Geschichte:
Der Schnitt

Endlich zu Hause! Zum Glück hat meine
Mutter mich nicht so gesehen. Sie macht
immer alles nur noch schlimmer! Auf keinen
Fall darf sie wieder bei den anderen Eltern
anrufen! Nein, sie darf es nicht wissen: Nach
der Schule haben mir ein paar Klassenkameraden Kletten in die Haare getan.

Ich muss versuchen, die Kletten wieder
rauszukriegen, ohne dass meine Mutter was
merkt. Also schleiche ich mich an ihr vorbei.
Ich stelle mich vor den Spiegel im Badezimmer. Fürchterlich! Ich sehe schrecklich
aus! Meine roten Haare sind strubbelig und
ich sehe aus wie Pumuckl! Das ist nicht nur
heute so, sondern immer. Ist einfach so.
Kann man nichts machen. Ich habe rote
Struwwelhaare, die mir kreuz und quer vom
Kopf abstehen. Meine dürre Figur mit den

Streichholzbeinen verstecke ich am liebsten in weiten Schlabberklamotten. Meine Haut ist weiß wie Kreide, weil ich keine Sonne vertrage. Und im Gesicht habe ich viele
5 Sommersprossen.

Aber meine Klassenkameraden könnten mich in Ruhe lassen. Und es ist noch schlimmer geworden, nachdem meine Mutter sich bei den Eltern beschwert hat. Das hat überhaupt nichts genützt. Im Gegenteil! Jetzt rächen sie sich dafür, dass sie zu Hause Ärger gekriegt haben.

Heute nach der Schule ist die Sache mit den Kletten passiert. Ich war auf dem Weg
15 nach Hause. Plötzlich standen die anderen vor mir.

„Jetzt aber schnell nach Hause, zu deiner Mami!"

„Hast du wieder was zu petzen?"

Ich weiß nicht, wer auf die Idee kam mich festzuhalten. Ich weiß auch nicht, wer die prallen Kletten am Wegrand entdeckte.

„Ach, da sind ja Kletten!"

5 „Du hängst ja auch wie 'ne Klette an deiner Mami."

„Jetzt zeigen wir dir mal, wie eklig Kletten sind!"

Ich steckte in der Falle. Und in meinen
10 Haaren steckten bald hunderttausend Kletten.
So kam es mir jedenfalls vor.

Jetzt stehe ich vor dem Badezimmerspiegel und reiße an meinen Haaren herum. Aber diese fiesen, kleinen Widerhaken kriegt man
15 kaum wieder raus. Erst recht nicht aus Haaren wie meinen! Es hat keinen Zweck. Ich krieg das allein einfach nicht hin. Jetzt muss ich wohl doch meine Mutter um Hilfe bitten.

Es klingelt. Ach ja, heute kommt Tante
Bea zum Kaffee! Tante Bea ist meine
Lieblingstante. Sie hat meistens gute Laune –
und gute Ideen. Deshalb kommt sie genau
5 im richtigen Moment! Ich gehe zur Tür.

„Hilfe! Anna, wie siehst du denn aus!“,
begrüßt sie mich. Bevor ich antworten kann,
kommt meine Mutter hinzu. Sie ist gleich
wieder total aufgeregt. „Wer hat das gemacht?“

Ihre Stimme überschlägt sich. *„Wer hat das mit dir gemacht?"*

Ich will das nicht! Nicht das Geschrei und erst recht kein Mitleid.

Tante Bea bleibt ganz ruhig. Sie legt mir ihre Hand auf die Schulter. „Du, das ist mir als Kind auch mal passiert."

Ich kann nichts dafür, dass mir jetzt die Tränen kommen. Das will ich gar nicht. Es passiert von ganz allein.

„Musst du heute noch weg?", fragt Tante Bea. Sie denkt immer so praktisch.

„Ja, zum Sport. Aber erst später."

„Na, dann werden wir mal sehen, was wir da machen können. Komm mit, Anna!" Ich lasse mich willenlos von Tante Bea ins Badezimmer führen.

Sie nimmt Mutters Frisierschere und schneidet die Kletten einfach raus. Ist mir egal, wie ich nachher aussehe. Ist mir wirklich egal.

„So, jetzt bist du gleich wieder klettenfrei",
sagt Tante Bea. „Und ich mache dir einen
tollen Stufenschnitt. Wirst sehen, das wird
richtig gut!"

Ich glaube ihr kein Wort. Aber sie gibt
sich so viel Mühe. Da sage ich lieber nichts.
Tante Bea wäscht mir die Haare, rubbelt sie
trocken, schneidet und föhnt sie. Dabei singt
sie fröhlich vor sich hin. Wenn ich so aussähe
wie sie, hätte ich auch immer gute Laune.

„So, fertig!" Tante Bea schiebt mich vor
den Spiegel. Ich traue mich gar nicht hinein-
zuschauen.

„Jetzt guck schon hin! Sieht klasse aus!"

Und das stimmt! Ich erkenne mich nicht
wieder. Das soll ich sein? Ich schließe die
Augen. Dann öffne ich sie wieder. Ich kneife
mir in den Arm. Aber es stimmt. Das ist
kein Traum. Das bin ich! Meine Haare sind

jetzt viel kürzer und super geschnitten. Sie liegen richtig gut!

„Danke, Bea", flüstere ich.

„Kein Problem", antwortet sie. „Übrigens hab ich dir noch was mitgebracht." Sie zieht mich in den Flur und drückt mir eine Plastiktüte in die Hand. Darin liegt eine nagelneue Sportjacke. Tante Bea schaut mich auffordernd an. „Was ist los? Worauf wartest du? Probier sie an!"

Die Jacke hat meine Lieblingsfarbe und passt perfekt. Sie schlabbert nicht, sondern liegt ganz eng an. Aber das sieht gar nicht doof aus!

Wie gut Tante Bea mich doch kennt!

Ich lasse die Jacke gleich an und mache mich auf den Weg zum Sport.

Als ich ankomme, stehen ein paar Jungen
vor der Halle. Zwei von ihnen pfeifen. Es
dauert ein bisschen, bis ich verstehe, dass das
Pfeifen mir gilt.

Ich freue mich über die Aufmerksamkeit.
Aber gleichzeitig denke ich darüber nach,
was wohl passiert wäre, wenn Tante Bea uns
heute nicht besucht hätte …

„Bist du neu hier?", fragt einer der Jungen.
Er hat strohblonde Haare und jede Menge
Sommersprossen im Gesicht.

„Ja", sage ich langsam. „Ja, ich bin neu."

3. Geschichte:
Sandras Fest

„Haben wir an alles gedacht?", überlegt der Vater. Er ist nervös.

„Ja, Michael", beruhigt ihn seine Frau. „Cola steht noch im Kühlschrank, Limo und Wasser hier in der Garage. Hast du schon den Kartoffelsalat und den Topf mit den Würstchen hingestellt?"

„Alles fertig! Jetzt könnte Sandra aber langsam mal kommen. Ist doch schließlich *ihre* Geburtstagsfeier. Sie kümmert sich wirklich um nichts!"

„Ach, sie kommt heute später", meint die Mutter entschuldigend. „Sie ist doch noch beim Sport."

„Dann hätte sie gestern schon was vorbereiten können", antwortet der Vater ungeduldig. „Ich musste für meine erste Party auch alles allein organisieren!"

„Das war bei mir auch so", stimmt ihm seine Frau zu. „Aber wir überraschen sie eben. Sie freut sich bestimmt, dass alles fertig ist, wenn sie kommt."

5   Sandras Eltern rasen noch eine ganze Weile zwischen Küche und Garage hin und her. Sie stellen Teller und Gläser bereit. An jedes Glas klebt die Mutter bunte Schleifenbänder als Dekoration. Auf einem Tapeziertisch liegt
10 eine gemusterte Decke. Jetzt verzieren sie den Tisch noch mit Luftschlangen und umwickeln einige Stuhllehnen damit. Kreuz und quer von Wand zu Wand sind dünne Leinen gespannt. Daran hängen Girlanden,
15 bunte Papierlaternen und noch mehr Luft-schlangen. Der Vater schraubt eine bunte Glühbirne in die Lampe und knipst das Licht aus und an. Er strahlt und sagt zufrieden: „Ohhh, guck mal! Sieht schön
20 aus, nicht?"

Auch die Mutter ist ganz begeistert. „Ja, so richtig gemütlich! Ich hol noch schnell die Käsehäppchen."

Sie stellt ein großes Tablett mit Käsehäppchen neben die riesige Schüssel mit Kartoffelsalat und steckt rote Papierschirmchen hinein. Die Servietten hat sie wie Schmetterlinge gefaltet.

„Meinst du, das reicht?", fragt sie besorgt.

„Klar", antwortet der Vater. „Davon kannst du eine ganze Fußballmannschaft satt kriegen!"

„Haben wir auch wirklich nichts vergessen?", fragt jetzt auch sie noch mal und lässt ihren Blick durch die geschmückte Garage wandern.

Ihr Mann antwortet nicht. Stattdessen fragt er unruhig: „Wo Sandra nur bleibt?" Seine Frau weiß darauf ebenfalls keine Antwort. Sie schaut sich prüfend um und sagt: „Die wird staunen, wenn sie das alles sieht!"

27

„Ist ja ihre erste richtige Geburtstagsparty
ohne Kakao und Kuchen", meint der Vater. Er
steckt seine Lieblings-CD in den CD-Player.

„Darf ich bitten, meine Liebe?", fragt er
grinsend und macht eine tiefe Verbeugung.
Die Mutter muss lachen. So albern ist ihr
Mann selten. Das liegt bestimmt daran, dass
er so nervös ist. Schließlich soll für Sandra
alles perfekt sein. Der Garagenboden wird
zur Tanzfläche. Er zieht seine Frau in die
Mitte. Die beiden tanzen geschickt um den
gedeckten Tisch und um die Küchen- und
Klappstühle, die Sitzkissen und die Hocker
herum, die überall aufgestellt sind.

„Wie früher, nicht?" Der Vater lächelt und
zieht seine Frau an sich. Sie tanzen weiter zu
der leisen, romantischen Musik.

„Ja, wirklich!", nickt sie. „Genau wie
damals. Weißt du noch? Unsere erste Party?"
Sie stehen umschlungen auf der Tanzfläche
und schließen die Augen.

Plötzlich werden sie unsanft aus ihren
Erinnerungen gerissen.

„Was ist denn *hier* los?" Sandra steht mitten
in der Garage und starrt ihre Eltern mit aufge-
5 rissenen Augen an. „Was *macht* ihr hier? Und
was soll das ganze alte Gerümpel hier drin?"

Ihr Vater stottert wie ein Schuljunge, den
man bei etwas Verbotenem erwischt hat.
„Hallo, Sandra, … wir … wir dachten, wir
10 helfen dir ein bisschen. Du bist ja heute so spät
dran und … ähhh … deine Gäste müssen
doch auch irgendwo sitzen können."

„Das sieht unmöglich aus!", schimpft
Sandra entsetzt. „Oma und Opa feiern ein
15 Gartenfest! Ich glaub's ja nicht!"

„Dann stellst du die Stühle eben wieder
raus", schlägt ihre Mutter vor. Sandra antwortet nicht. Sie bleibt wie erstarrt vor dem
Tisch stehen, auf dem das Essen aufgebaut
20 ist. „*Was ist das denn?*", fragt sie und betont
jedes einzelne Wort.

29

„Was meinst du denn?", fragt der Vater.

„Na, hier, diese ganzen komischen Fressa-
lien! Wer soll denn das alles essen? Ich habe
doch gesagt, es soll nichts zu essen geben!
5 Nur 'n paar Chips und Flips, das reicht
doch!"

„Aber ...", protestiert die Mutter schwach.

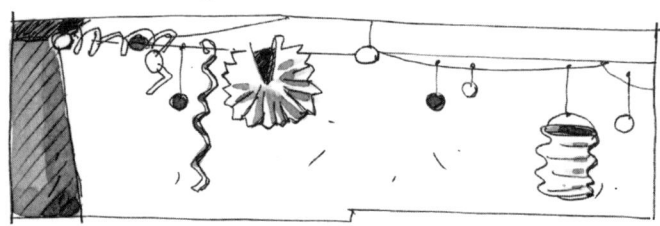

„Oh, nein!", fällt Sandra ihr ins Wort.
„Ich fass es nicht! Die lachen sich doch
10 kaputt über diese ganzen Fähnchen und
Schirmchen und ... – was ist *das* da?
Kartoffelsalat und Würstchen! In welchem
Jahrhundert lebt ihr eigentlich? Ich feiere doch
keinen Kindergeburtstag! Ist ja mega-ätzend!"

15 „Aber ... wir dachten, du machst eine
Party ..."

„Eine Party? Um fünf Uhr nachmittags?
Wir treffen uns einfach nur hier, wollen bloß
'n bisschen abhängen!"

„Gut! Dann hängen wir jetzt auch ab!"

5 Und genau das tut ihr Vater, und zwar wört-
lich: Er fängt an, die Girlanden, Laternen
und Luftschlangen wieder abzuhängen.

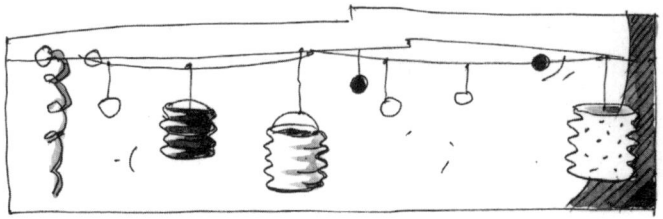

Die gute Stimmung der Eltern ist schlagartig
verflogen. Sie sind beleidigt.

10 Sie bringen auch das Essen zurück in die
Küche. Sandra hilft eifrig mit. Es kann ihr
gar nicht schnell genug gehen, alles wieder
verschwinden zu lassen.

„Wenn das einer sieht!", schimpft sie dabei.
15 „Die halten mich doch für total bescheuert!"
Schnell entfernt sie auch noch ein paar

Schnipsel der Girlanden und dreht die bunte
Glühbirne aus der Lampe. Die letzten Luft-
schlangen reißt sie im Vorbeigehen ab und
schmeißt sie in die Mülltonne.

5 „Oh Mann, ist das ein Stress!" Sandra
stöhnt und nimmt die CD ihres Vaters aus
dem CD-Player. Stattdessen legt sie ihre
eigenen CDs bereit. Eine schiebt sie gleich
hinein. Lautes, rhythmisches Wummern
10 erfüllt nun die Garage.

„Wir wollten dir doch nur helfen", sagt
ihre Mutter enttäuscht. Auch ihr Vater sieht
traurig aus.

„Jetzt bleibt mal locker! Ist doch *mein*
15 Geburtstag!" Die Eltern schütteln nur die
Köpfe.

Da kommen die ersten Freunde. „Hallo,
Sandra!", grüßen sie.

„Hi, Leute!", ruft Sandra.

20 Ihre Eltern drehen sich um und gehen ins
Haus.

Am nächsten Morgen steht Sandra schon
früh am Bett ihrer Eltern.

„Mama? Papa? Seid ihr schon wach?",
flüstert sie. Ihr Vater blinzelt und reibt sich
5 verschlafen die Augen. „Sandra, du meine
Güte, ist was passiert?"

Die Mutter setzt sich mit einem Ruck auf
und macht auf der Stelle ein sorgenvolles
Gesicht. Mit zusammengekniffenen Augen
10 blickt sie Sandra an. „Was ist denn los?

33

Wie spät ist es denn? Wo willst du hin? Es ist doch Wochenende!"

So viele Fragen auf einmal. Sandra lächelt mild.

„Ich bin mit Britta verabredet, zum Schwimmen. Aber ich wollte vorher noch Danke sagen wegen gestern!"

„Wie? Jetzt auf einmal?", wundert sich ihre Mutter. „Gestern war doch alles noch ganz furchtbar, was wir gemacht haben!"

Als sie an den gestrigen Tag denken, verdunkeln sich die Gesichter der Eltern. Sie erinnern sich daran, dass sie eigentlich beleidigt sind, und schauen Sandra vorwurfsvoll an.

„Ach, wenn ihr wüsstet!", schwärmt Sandra. „Es war so toll!" Sie strahlt ihre Eltern an.

Die sind jetzt hellwach und so erstaunt, dass sie vergessen, länger sauer zu sein. „Wie? In der ungemütlichen Garage war es so toll?"

„Wieso ungemütlich? Ali hat hinterm
Haus die vielen Stühle und Sitze entdeckt.
Die haben wir zusammen reingeschleppt
und rund um die Tanzfläche gestellt!"

5 „Na, das hättet ihr aber leichter haben
können!"

Sandra schämt sich und starrt auf den
Boden. „Ja, und … also … ähm …" Sie
weiß nicht, was sie sagen soll und bricht erst

10 einmal ab. „Da standen ja auch noch die
großen Tüten mit den vielen Laternen",
fährt sie schließlich fort. „Ratet mal, was wir
damit gemacht haben!"

„Aufgehängt! Wie bei der Gartenparty

15 von Oma und Opa." Jetzt klingt die Stimme
des Vaters wieder ein bisschen beleidigt.

Sandra nickt. Die Eltern schütteln die
Köpfe und wundern sich.

„Aber das ist noch nicht alles!", erzählt

20 Sandra. „Kalle hat das viele Essen in der
Küche gesehen und …"

„Sag bloß, ihr habt doch noch was gegessen?"

„Und ob! Alles haben sie aufgegessen! Mama, es war fantastisch! Die sind total ausgeflippt! Danke, das hätte ich nie gedacht!" Sandra schafft es, ein zerknirschtes Gesicht zu machen. „Die haben mich alle darum beneidet, dass ihr so was für mich macht!" Sandra guckt auf ihre Armbanduhr. „Aber jetzt muss ich los", sagt sie. „Britta wartet bestimmt schon auf mich."

Als Sandra gegangen ist, sehen sich ihre Eltern eine Weile schweigend an. Dann fangen sie an zu lachen und können nicht mehr damit aufhören.

4. Geschichte:
Ein weiter Sprung

Hannes ist dünn und nicht besonders groß.
Seine langen Arme und Beine passen irgendwie nicht so richtig zum Rest des Körpers.
Sein Vater sagt: „Bei mir war das genauso in
dem Alter." Und seine Mutter meint: „Das
wächst sich noch aus." Damit ist das Thema
für sie erledigt.

Hannes ist nicht besonders gut in Sport.
Er spielt nicht gern Fußball und hasst Reck-
turnen und Konditionstraining. Aber Weitsprung, das kann er! Sehr gut sogar. Jedenfalls
immer, wenn er nachmittags allein auf der
Wiese hinter dem Haus übt. Natürlich kann
man hier nicht so genau messen, aber er
kommt jedes Mal mindestens auf 4,50 Meter.
Das hat er im Sportunterricht noch nie
geschafft. Er spürt es immer schon beim
Anlauf. Seine Beine gehorchen ihm nicht.

Die Schritte sind unregelmäßig. Manchmal
stolpert er sogar fast. Beim Absprung tritt
er oft über. Und wenn er mal nicht den
Absprung verpasst, ist das Messergebnis total
5 enttäuschend.

Das kann er besser! Er weiß es. Aber
wenn die anderen zugucken, gelingen die
Sprünge einfach nicht. So auch heute …

Die Jungen trainieren für das Sportfest in
10 zwei Wochen. Hannes verpatzt einen Sprung
nach dem anderen. Der Sportlehrer nimmt
ihn beiseite. Er erklärt ihm noch mal, wie
man richtig abspringt. Das weiß Hannes
doch alles und er *will* ja auch daran denken.
15 Aber manchmal hat er plötzlich das Gefühl,
zwei linke Beine zu haben. Zwei Beine, die
überhaupt nicht zueinander passen und die
sich gegenseitig im Weg stehen.

„So, jetzt du, Hannes!", ruft der Sport-
20 lehrer. „Denk an den ruhigen Anlauf und

den richtigen Absprung!" Klar, macht er doch immer! Das ist ja gerade das Problem. Er ist einfach nicht locker. Wenn andere dabeistehen, denkt er zu viel.

5 *„Jetzt geht's lo-hoooos!"*, singen ein paar von ihnen. Da weiß Hannes schon: Es wird auch diesmal nicht klappen.

„Hört auf damit!", ruft der Sportlehrer.

Hannes rennt los, wird schneller, springt 10 ab …

„Übergetreten!", meldet Metin, der an der Sandgrube Kampfrichter ist.

Hannes ist unglücklich gelandet. Er liegt ausgestreckt auf dem Bauch im Sand. Das 15 sieht ziemlich blöd aus. Die anderen lachen und grölen.

„Hast du dir wehgetan?", erkundigt sich der Sportlehrer.

„Nein", antwortet Hannes. Er steht auf 20 und schüttelt sich.

„Alles klar, Hannes?", fragt Metin.

39

Gar nichts ist klar. Sandkörner kleben
überall im Gesicht. Hannes versucht, sie
wegzuwischen. Dabei verreibt er sie nur
noch mehr, denn auch an den Händen klebt
5 Sand. Sogar im Mund und in den Nasen-
löchern spürt er die Körnchen. Hannes
spuckt auf den Boden. Aber zwischen seinen
Zähnen knirscht immer noch Sand.

„Ich geh mich mal eben waschen", sagt er
10 zu seinem Sportlehrer.

„Okay." Der Lehrer nickt. Hannes dreht
sich um und läuft schnell zur Turnhalle.
Dahinter, auf dem anderen Sportplatz,
haben die Mädchen Unterricht. Auch sie
15 üben gerade für das Sportfest.

Im Waschraum wäscht sich Hannes
gründlich die Hände. Er klopft sich den
Sand vom Körper. Dann beugt er seinen
Kopf tief ins Becken. Er trinkt etwas Wasser,
20 gurgelt damit und spuckt es wieder aus.
Schließlich formt er die Hände zu Schalen,

lässt das kalte Wasser hineinlaufen und spült so den ganzen Sand aus dem Gesicht. Das tut so gut, dass er noch eine Weile weitermacht, obwohl gar keine Körner mehr da sind.

5 Durch die offene Tür weht klare Luft herein. Es riecht nach frisch gemähtem Gras.

„Hallo! Was machst du denn hier? Seid ihr schon fertig?" Das ist Viktoria aus der Parallelklasse. Sie ist ihm schon öfter auf-

10 gefallen. Er weiß nicht einmal genau, warum. Sie gefällt ihm einfach, und zwar sehr.

„Musste mal kurz Pause machen", sagt Hannes. Was soll er auch sonst sagen?

„Ist dir schlecht?" Viktoria sieht ihn an.

15 „Ist was passiert?"

Hannes weiß nicht, ob es daran liegt, dass sie so freundlich ist oder dass sie ihn so offen anschaut. Jedenfalls platzt er heraus: „Nein, aber ich bin total frustriert! Nichts

20 klappt hier beim Weitsprung!" Er dreht den Kopf zur Seite und schämt sich ein bisschen.

Wieso hat er nicht den Mund gehalten? Wie kommt er dazu, ihr das zu erzählen? „Na ja, ist ja auch egal ...", sagt er.

Aber Viktoria lässt nicht locker. „Wie? *Du* hast Probleme beim Weitsprung?"

Er nickt nur.

„Das glaub ich einfach nicht! Das kannst du doch total gut!"

„Woher willst du denn das wissen?"

„Ich wohn doch gleich um die Ecke. Da hab ich dir ein paarmal zugesehen, beim Trainieren auf der Wiese hinterm Haus. Und ich weiß, wie weit du springen kannst!"

Hannes kann gar nichts sagen. Das Lob kommt so überraschend. Und er hat gar nicht gemerkt, dass ihm jemand zugesehen hat.

„Meinst du, du könntest nachmittags mal mit mir üben?", fragt sie. „Ich bin nämlich eine totale Niete im Weitsprung. Laufen kann ich ja ganz gut, aber *springen* ..."

„Alles eine Frage der Technik", sagt Hannes. Er wundert sich, wie selbstsicher das klingt. Fast ein bisschen arrogant. Deshalb fügt er hinzu: „Kann ich dir ja mal zeigen."

5 „Ja, super!" Viktoria freut sich. „Komm doch mal vorbei. Vielleicht lern ich's ja doch noch."

„Alles klar, ich melde mich mal", sagt Hannes. „Aber jetzt muss ich zu den anderen. 10 Bis dann!"

„Tschüss!", ruft Viktoria. Auch sie muss wieder zum Unterricht zurück.

Wie auf Wolken schwebt Hannes zurück zur Weitsprunggrube. Er sieht Viktoria noch 15 einmal hinterher und spürt ein Kribbeln im Bauch.

„Wo warst du denn so lange?" Der Sportlehrer sieht ihn ungeduldig an. „Jetzt mach noch schnell zwei Sprünge und dann hören 20 wir auf."

Hannes stellt sich an seinen Ablaufpunkt. Die anderen schauen ihm zu. Da kommt es auch schon wieder, dieses komische Gefühl. Er wird nervös. Sein Herz fängt an schneller zu klopfen. Seine Beine fühlen sich an wie Pudding.

Doch dann hat er Viktorias Worte im Ohr: „Das kannst du doch total gut!" Plötzlich ist es ihm egal, dass die anderen ihn beobachten. Der Sportlehrer steht neben der Laufbahn.

Hannes atmet tief durch. Er denkt an Viktoria. Er wird sich mit ihr treffen. Er wird ihr zeigen, wie man besser weitspringen kann. Er weiß doch, wie das geht. Diesmal wird er den richtigen Moment erwischen. Wie nachmittags, allein auf der Wiese hinterm Haus.

Hannes läuft an. Er stellt sich vor, dass Viktoria ihm zusieht. Dann beschleunigt er seine Schritte. Diesmal machen seine Beine

45

genau das, was er will. Sie bewegen sich
schneller und schneller. Er sieht vor sich den
weißen Absprungbalken, setzt kraftvoll einen
Fuß darauf – und springt!

5 „Gültig!", hört er Metin rufen.

Hannes macht einen weiten Satz. Schon
in der Luft weiß er, dass das ein guter Sprung
ist. Ein sehr guter Sprung sogar! Er landet
perfekt in der Grube und wartet auf das
10 Ergebnis.

„4,60 Meter!", ruft der Sportlehrer. Er ist überrascht und freut sich.

Hannes bleibt im Sand sitzen. Er dreht sich um und schaut in die erstaunten Gesichter seiner Mitschüler. Metin fängt an zu klatschen. Nach und nach klatschen die anderen mit. Metin macht das Victory-Zeichen. „Cool!", sagt er. „Das soll beim Sportfest erstmal einer nachmachen!"

5. Geschichte:
Dumme Kuh

Was für ein wunderschöner Morgen! Milena reibt sich verschlafen die Augen. Sonnenstrahlen kitzeln ihr Gesicht. Sie spürt ein Kribbeln im Bauch. Sechs Stunden Schule hat sie heute. Aber viel wichtiger sind ja die beiden Pausen dazwischen! Vielleicht traut sie sich ja heute endlich, Ercan zu fragen, ob er am Wochenende was mit ihr unternehmen will.

Milena reckt ihr Gesicht der Sonne entgegen. Sie schließt die Augen. Sofort sieht sie Ercans Gesicht vor sich: seine dunklen Augen, die dichten Augenbrauen und die dunklen Locken … Meist verschwinden sie unter seiner roten Kappe. Aber das Schönste an ihm sind sowieso seine Augen. Die sind so freundlich. Ercan sieht niemals böse aus. Und er scheint nie schlechte Laune zu haben.

Ercan ist eine Klasse über Milena.
Manchmal nehmen sie denselben Bus zur
Schule. Wenn sie sich sehen, sagen sie „Hallo!"
und reden ein bisschen miteinander. Mehr
5 nicht.

Aber heute passiert das Unglaubliche! In der
ersten Pause sucht Milena Ercan auf dem
Schulhof. Sie möchte ihren ganzen Mut
zusammennehmen und ihn fragen. Aber sie
10 sieht ihn nirgendwo. Enttäuscht packt sie
ihr Butterbrot aus und beißt kräftig hinein.
Sie hat den Mund voll und kaut. Da steht
plötzlich Ercan vor ihr.
   „Hallo, Milena. Du, möchtest du mit
15 mir …?" Er schluckt.
   Wie süß, dass er so nervös ist! Er beginnt
noch mal: „Hast du Lust, am Samstag mit
mir ins Konzert zu gehen?"
   Milena bleibt fast das Herz stehen vor
20 Aufregung. Wenn ihr Mund nicht so voll

wäre, würde er jetzt offen stehen. Sie schafft
es gerade mal, „Mmmmh?" zu sagen, und
verschluckt sich fast.

Zum Glück wiederholt Ercan seine Frage.

5 „Weiß nicht", sagt Milena nur. Etwas
Besseres fällt ihr nicht ein.

Trotzdem erzählt ihr Ercan von dem tollen
Konzert und von den tollen Bands, die da
spielen werden. Milena versteht nur die

10 Hälfte. Sie kaut immer noch an dem großen
Bissen Brot. Ihr Herz klopft jetzt wie verrückt.
Hoffentlich sieht Ercan das nicht!

Da schellt es auch schon und Ercan sagt:
„Ich muss los. Wir schreiben jetzt einen Test.

15 Morgen können wir ja noch mal darüber
reden. Tschüss!"

Milena steht da wie eine Kuh auf der
Weide. Und kaut immer noch. Bis ihre
Klassenkameradin Linda sie heftig schüttelt:

20 „Hey, Milena! Hallo? Milena? Was ist denn
los mit dir?"

Ja, was ist los mit ihr? Sie hat sich verhalten wie ein Kindergartenkind.

Am nächsten Tag muss das anders werden!
,Heute bin ich ganz cool', nimmt Milena
sich vor. ,Ercan will mich ja noch mal fragen,
wegen Samstag. Da zeige ich mich von meiner
besten Seite: nett, klug, witzig und schön.' –
Schön??? Das ist ein gutes Stichwort. Milena

gerät in Panik: ‚Was soll ich bloß anziehen?‘
Natürlich muss sie heute ganz toll aussehen!

‚Was Ercan wohl gefällt?‘ Milena ent-
scheidet sich für ihr neues T-Shirt. Es ist rot
5 und gelb und passt gut zur Sonne. Die scheint
nämlich heute schon wieder so schön. Das ist
ein gutes Zeichen! Jetzt nur noch warten bis
zur großen Pause!

Endlich ist es so weit! Lächelnd – und diesmal
10 ohne Butterbrot – schwebt Milena über den
Schulhof. Sie versucht, nicht so auffällig nach
rechts und links zu schauen. Sie wartet, dass
Ercan sie wieder anspricht. Doch Ercan ist
nirgends zu sehen. Wenn er sie sucht, muss
15 er sie doch sehen! Vielleicht sucht er sie ja gar
nicht!? Kein Wunder, so blöd, wie sie sich
gestern verhalten hat! Aber er hat doch gesagt,
dass er noch mal mit ihr sprechen will …?!

Milena fröstelt. Die Sonne wärmt längst
20 nicht so, wie sie gedacht hat. Es ist eben noch

nicht Sommer. Da zeigen sich auch schon
dicke Regenwolken! Mist! Sie hätte einen
warmen Pulli anziehen sollen und nicht
dieses dünne T-Shirt!

5 Schon fängt es an zu regnen. Der leichte
Regen verwandelt sich in einen kräftigen
Schauer. Doch erst, als alle Schüler längst
im Gebäude sind, verlässt auch Milena enttäuscht und frierend den Schulhof. Ercan ist
10 nicht aufgetaucht. Sie zittert vor Kälte. In den
nächsten Stunden kann sie sich überhaupt
nicht mehr auf den Unterricht konzentrieren.

Auch in der zweiten Pause rast sie auf
den Hof, um Ercan nicht zu verpassen. Aber
15 er bleibt den ganzen Morgen unsichtbar.

Es regnet immer noch in Strömen. Zu blöd,
dass Milena heute mit dem Rad da ist. Nach
der Schule macht sie sich auf den Weg zu
den Fahrradständern. Sie friert. Wenigstens
20 sind die Fahrradständer überdacht. Mit vor

Kälte zitternden Fingern versucht Milena,
ihren Rucksack auf den Gepäckträger zu
klemmen.

Da hört sie, wie Linda zu Hanna sagt:
5 „… ins Konzert. Ercan hat schon die Karten
besorgt!" Milena spürt einen stechenden
Schmerz. Es ist, als ob sich ein scharfes
Messer in ihr Herz bohrt. Hat sie richtig
gehört? Linda und Ercan?

10 Und sie blöde Kuh hat sich eingebildet,
dass Ercan sich für sie interessiert. Nur weil
er ab und zu mit ihr gesprochen hat. Ist ja
auch kein Wunder! So bescheuert, wie sie
sich gestern benommen hat.

15 Ein scharfer Wind jagt die dunklen
Wolken und peitscht den Regen. Milena
fühlt sich plötzlich wie ein begossener Pudel.
Und das liegt nicht nur an dem Regen.

Auf ihrem Rad kämpft Milena gegen den
20 Wind an. In ihrem Kopf dröhnt und brummt
es. Sie achtet nicht auf die Pfützen, spürt

nicht die Nässe. Die Regentropfen vermischen sich mit ihren Tränen und verteilen sich gleichmäßig auf ihrem Gesicht. ‚Linda und Ercan! Linda und Ercan!‘, hämmert es in ihrem Kopf. Darauf wäre sie nie gekommen! Aber es passt! Die perfekte Linda hat immer Glück bei den Jungs!

Als Milena zu Hause ankommt, ist sie durch und durch nass und zittert am ganzen Körper. Besorgt fragt ihre Mutter: „Wie siehst du denn aus? Sag mal, bist du etwa krank?" Sie drückt ihre Handfläche gegen Milenas Stirn. Milena dreht sich um und behauptet: „Nein, nein, alles in Ordnung!"

Aber nichts ist in Ordnung: Sie bekommt eine dicke Erkältung! Schon am Nachmittag hat sie einen ganz heißen Kopf und fühlt sich so schlecht, dass sie sich hinlegen muss. Aber vielleicht kommt das nicht nur von der Erkältung …

Erschöpft schläft Milena ein. Sie hat wirre Träume: Ercan, der seine Kappe abnimmt und sie Linda auf den Kopf setzt ... Ercan, der eng umschlungen mit Linda auf einer Blumenwiese liegt ... Sie selbst steht daneben, als dumme, grasende Kuh mit riesigen Glupschaugen.

Am Sonntag ruft Linda an: „Hallo, Milena, wie geht's?"

„Nicht so toll."

„Was ist denn los?"

„Bin krank."

„Was hast du denn?"

„Erkältung."

„Sprichst wohl nicht mit jedem, oder? Kommst du denn morgen wieder in die Schule?"

„Glaub schon." Milena kann Lindas Stimme nicht ertragen. Sie hat überhaupt keine Lust, länger mit ihr zu reden. Zu stark

ist ihre Eifersucht. Als Milena nichts mehr sagt, beendet Linda das Gespräch: „Okay, dann also bis morgen. Gute Besserung!"

Wie sehr Milena die hübsche Linda
5 beneidet! Sich selbst mag sie überhaupt nicht. Nichts an ihr gefällt ihr richtig. Sie findet sich zu dick. Sie hasst ihre glatten blonden Haare und hätte gern so dunkle Locken wie Linda. Ständig hat Milena
10 irgendwo einen Pickel im Gesicht. Und mit ihren riesengroßen Augen sieht sie aus, als ob sie den ganzen Tag staunen würde. Kuhaugen eben. Ist doch klar, dass Ercan sich für die tolle Linda entschieden hat!

15 Am Montag geht Milena wieder zur Schule. Die Sonne strahlt in der frisch gewaschenen Luft, doch das nimmt sie gar nicht wahr. Mit hängendem Kopf überquert sie den Schulhof. Sie nimmt ihr Pausenbrot aus dem
20 Rucksack und beißt hinein. Wenigstens ist

57

ihr der Appetit nicht vergangen! Bloß nicht
an Ercan denken! Und hoffentlich trifft sie
ihn nicht …

„Hallo, wie geht's?
5 Lange nicht gesehen!"
Nein, muss das sein!
Das ist Ercan!
   Wieder ist sie
mit einem Butter-
10 brot beschäftigt.
Und wieder hat sie
den Mund so voll,

dass sie nicht antworten kann. Aber sie
braucht Ercan nur anzusehen und weiß, dass
15 sie immer noch in ihn verliebt ist.
   Ercan schaut freundlich zurück. Bevor
Milena mit dem Kauen fertig ist, fragt er:
„Was hast du so gemacht am Wochenende?"
   Milena hat große Mühe zu antworten.
20 Ihr steckt ein Krümel im Hals. Sie hustet

und krächzt: „Nicht viel. Ich war krank. Erkältung!"

„Echt? Das ist ja witzig!"

Das gibt's ja wohl nicht! Milena hat so gelitten und er findet das auch noch witzig!

Ercan hat wohl gemerkt, dass er etwas Falsches gesagt hat, und erklärt: „Nein, … ich meine … So hab ich das nicht gemeint! Es ist nur …, weil ich auch erkältet war. Ich war am Freitag gar nicht in der Schule. Deshalb konnte ich dir auch nicht mehr Bescheid sagen wegen Samstag …"

Das ist ja unverschämt! Jetzt muss sie stark sein! Gleich wird er ihr sagen, dass er mit Linda im Konzert war. Milena nimmt ihren ganzen Mut zusammen und fragt: „Wieso? Was gab's da groß zu reden? Du warst doch mit Linda im Konzert!" Milena bemüht sich, cool zu klingen. Aber ihr Herz pocht so laut, dass sie Angst hat, er könnte es hören.

„Mit Linda? Im Konzert? Nee, wieso das denn? Und was denn überhaupt für eine Linda?"

„Die Linda aus meiner Klasse natürlich!"

⁵ „Was? Wieso? Jetzt versteh ich gar nichts mehr. Wieso sollte ich mit der ins Konzert gehen? Die ist doch mit dem Ercan Yildirim zusammen."

Milena kann jetzt nichts mehr sagen. Mit ¹⁰ großen Augen schaut sie Ercan an. Es dauert eine Weile, bis sie versteht, was sie da gehört hat.

„Hast du etwa gedacht, die finde ich gut?" Ercan lächelt sie an. „Nee, die ist überhaupt ¹⁵ nicht mein Typ!"

Milenas Hirn ist jetzt so leer, dass sie nicht mehr denken kann. Sie sucht auch keine Worte mehr, bleibt einfach stumm.

Aber sie fühlt sich auf einmal ganz leicht. ²⁰ Beschwingt. Und schön. ‚Was war ich bloß für eine dumme, blinde Kuh!', denkt sie.

Dann fragt sie Ercan: „Sag mal, magst du eigentlich Kühe?"

Jetzt ist Ercan verwirrt. „Kühe?", staunt er.

Milena fängt an zu lachen. „Vergiss es!",
5 sagt sie. „Aber ich hoffe, du magst Kühe so gern wie ich."

6. Geschichte:
Der Turnbeutel

Heidi bremst ihr Fahrrad vor der kleinen Boutique neben der Schule. Sie steigt ab und sieht ins Schaufenster. Die neue Frühjahrsmode. Lauter helle, frische Farben. Dabei ist es doch noch so kalt und grau.

Einfach mal reingehen, anprobieren, kaufen … Das wäre schön! Aber das kann sie sich nicht leisten. Ihre Klassenkameradinnen, die können das! Die treffen sich nachmittags in der Stadt, gehen bummeln, kaufen sich schicke Sachen und führen sie am nächsten Tag in der Schule vor. Sie sprechen über Mode, über Fernsehsendungen, über die neuesten Hits, über Partys und natürlich auch über Jungs.

Heidi versteht nur die Hälfte. Sie kennt sich mit alledem nicht aus. Niemand lädt sie ein oder verbringt seine Freizeit mit ihr.

Ja, Freizeit hat sie genug! Abends langweilt sie sich oft, wenn ihr Großvater in seinem Sessel einschläft und wenn ihre Großmutter mit den „träumenden Heimatmelodien",
5 „lachenden Bergen" und „dramatischen Schicksalen" im Fernsehen beschäftigt ist.

Heidi hört die schrille Schulsirene. Fünf vor acht! Jetzt muss sie sich beeilen. Sie schiebt das Fahrrad auf den Schulhof und konzen-
10 triert sich auf ihre Haltung. Gerade gehen! Aber sie merkt, dass sie schon wieder krumm geht. Ihre Schultern hängen, als ob sie schwere Gewichte tragen müssten.
   Sie stellt ihr Rad ab und kettet es an.
15 Dann nimmt sie ihre Tasche vom Gepäck-träger … und eine dunkle Stofftasche. Darin steckt ein blauer Beutel mit ihrem Sport-zeug. Der Beutel ist oben mit einer Kordel zugebunden und mit lauter bunten Blumen
20 bestickt. Heidis Großmutter hat ihn selbst

63

genäht und Blume für Blume aufgestickt.
Ein unmögliches Ding!

Zum Glück sieht es keiner, denn Heidi
trägt den Beutel nicht offen. Aber sie möchte
ihre Großmutter nicht verletzen. Also muss
sie ein bisschen tricksen: Wenn sie Sport hat,
versteckt sie den Beutel in einer Stofftasche,
sobald sie weit genug weg von zu Hause ist.
Und nach der Schule holt sie das scheußliche
Ding wieder hervor.

Ein paar Klassenkameraden sitzen auf den
Stufen, als sich Heidi der großen Schultreppe
nähert.

„Na, Heidilein, Strickkurs beendet?"

„War wieder Ausverkauf im Secondhand-
Laden?"

Tolle Begrüßung! Heidi weiß sofort, was
die meinen: ihren roten Strickpulli mit den
langen Fransen unten am Bund.

„Gab's den günstig beim Kirchenbasar?"

„So was trägt unsere Nachbarin, wenn sie
im Garten arbeitet!"

Den Pulli hat Heidi sich nicht selbst
ausgesucht. Das war ein Geschenk. Von
einer Freundin ihrer Großmutter. Deren
Enkelin ist etwas älter als Heidi. Wenn ihr
die Sachen nicht mehr passen, bekommt
Heidi sie. „Zum Auftragen", sagt die Freundin. Und die Großmutter redet davon, dass
sie nicht so viel Geld haben. „Diese Sachen
für Jugendliche sind aber auch so teuer …"

Heidi geht wortlos an ihren Mitschülern vorbei.

Im Klassenraum setzt sie sich auf ihren Platz. Der Stuhl neben ihr ist frei. Keiner will neben ihr sitzen. Als ob sie eine ansteckende Krankheit hätte – oder stinken würde.

So war das von Anfang an! Vor einem Jahr ist sie neu in diese Schule gekommen. Gleich am ersten Tag ging es los:

„Heidi, Heidi, deine Welt sind die Berge. Heidi, Heidi, denn dort oben bist du zu Haus'."

Dieser Name! Eine ewige Strafe! Warum haben ihre Eltern nur diesen blöden Namen ausgesucht? Und sie kann sie nicht mal mehr fragen …

Als Heidi an ihre Eltern denkt, spürt sie einen stechenden Schmerz. Sofort fällt ihr wieder der Moment ein, als ihre Großeltern ihr sagten, dass die Eltern einen Autounfall

hatten. Bei Glatteis. Da war nichts mehr zu machen.

Ihr wird schwindlig. Sie hat das Gefühl, keinen Boden mehr unter den Füßen zu haben. Es kommt ihr so vor, als würde sie wegrutschen …

In diesem Moment betritt die Klassenlehrerin den Raum. Das reißt Heidi aus ihren Gedanken.

Hinter der Lehrerin kommt ein Mädchen herein. Ach, stimmt ja! Das muss die Neue sein! Heidi hat vergessen, dass die heute ihren ersten Tag hat. Die anderen haben schon viel über sie geredet. Sie kommt aus Hamburg. Der Vater ist irgendein hohes Tier bei einer Bank und soll viel Geld haben.

Die Klassenlehrerin blickt sich um. Der einzige freie Platz ist neben Heidi. „Setz dich da hinten hin, zu Heidi!", sagt sie.

„Hallo!", sagt die Neue freundlich. „Ich bin Gretel."

„Gretel?!" Hat Heidi richtig gehört? Was
für ein Name!

„Na ja, eigentlich Annegret. Aber alle
nennen mich Gretel. Und du bist also Heidi?",
5 fragt die Neue. Sie grinst nicht. Sie sagt das
ganz normal.

In der Pause fragt Gretel: „Kann ich mit dir
zusammen rausgehen? Ich kenn mich hier ja
noch nicht so aus."

10 Die anderen kommen neugierig dazu. Sie
sprechen aber nur mit Gretel. Sie fragen sie
aus, wie es in Hamburg ist. Vor allem wollen
sie wissen, welche tollen Klamottenläden es
da gibt. Aber Gretel meint: „Ach, ich mach
15 mir nichts aus solchen Läden. Marken-
klamotten hasse ich! Ich lauf doch nicht
Reklame für irgendeine Firma! Ich such mir
lieber Sachen, die nicht jeder hat. Was
Besonderes eben." Sie schaut Heidi an.
20 „Deinen Pulli find ich zum Beispiel total

cool. So was Tolles kriegt man nicht an jeder Ecke."

Nach der Schule gehen Heidi und Gretel zusammen zu den Fahrradständern. Als Heidi die Stofftasche mit dem Turnbeutel drin auf den Gepäckträger klemmen will, rutscht ihr die Tasche aus der Hand. Der Beutel fällt heraus.

„Das ist ja der Hammer!", schreit Gretel.
Ja, klar! Irgendwie hat Heidi ja gleich geahnt,
dass das nicht lange gutgehen würde. Schnell
stopft sie den Beutel zurück in die Stofftasche.

5 „Mensch, zeig doch mal!", ruft Gretel. „Der
Beutel ist ja der absolute Wahnsinn. Wo hast
du *den* denn her?"

„Hat meine Oma selbst gemacht", sagt
Heidi leise. Sie schämt sich ein bisschen.

10 „So einen hatte meine Mutter früher",
erzählt Gretel begeistert. „Den fand ich
schon immer super! Sag mal, meinst du,
deine Oma würde mir auch …?" Sie unter-
bricht sich.

15 „… einen Turnbeutel nähen?", staunt
Heidi. „Klar, ich kann sie ja mal fragen."
Sie faltet die Stofftasche zusammen und
klemmt den Beutel oben auf den Gepäck-
träger.

7. Geschichte:
Flammendes Herz

Ich kann nicht schlafen. Hellwach liege ich im Bett. Ist es schon so weit? Ich bin so aufgeregt! Ob sie es schon ausgepackt hat?

Das Mondlicht ist so hell, dass ich kein Licht machen muss. Das würden sie auch sehen. Denn meine Eltern haben Gäste. Sie sitzen zusammen unten auf der Terrasse. Ich höre sie reden und lachen.

„Schläfst du immer noch nicht?", würden meine Eltern mich fragen. Ich weiß nicht, warum man mit zwölf Jahren schon so früh ins Bett muss. Ich wäre jetzt so gern dabei.

Ich habe sowieso nicht besonders viel von ihnen. Tagsüber sind sie nicht da. Sie arbeiten beide ziemlich viel und machen oft Überstunden. „Damit wir uns was leisten können", sagen sie. „Du weißt doch, das teure Haus ist noch nicht abbezahlt …"

71

Wenn sie abends zu Hause sind, wollen sie meistens ihre Ruhe haben. Oder sie sind gar nicht da. Oder sie haben Besuch, so wie jetzt.

5 Meine Mutter feiert nämlich Geburtstag. Wie jedes Jahr hat sie Gäste. Das war das letzte Mal so und das vorletzte Mal auch und sowieso jedes Mal. Ich würde gern mal mitfeiern. Was habe ich nicht schon alles

10 versucht! Ich habe gebettelt, diskutiert und sogar geheult. „Bitte, ich bin noch gar nicht müde! Darf ich nicht *einmal* länger aufbleiben?"

Und was für Tricks ich schon angewendet

15 habe! Beim letzten Geburtstag habe ich mich hinter dem Vorhang versteckt. Das haben meine Eltern erst gemerkt, als die ersten Gäste schon da waren. Die fanden das ganz lustig. Alle haben laut über mich gelacht.

20 Aber ich musste trotzdem gleich wieder hoch auf mein Zimmer.

So was mache ich nicht noch mal. Und es
gibt noch etwas, das ich nicht mehr mache:
Einmal, als meine Eltern abends ausgegangen
waren, konnte ich nicht einschlafen.

Ich habe mich auf den Boden ihres Kleider-
schranks gesetzt. Ich weiß auch nicht genau,
warum ich das gemacht habe.

Ich wollte den Geruch der Lederjacke
meines Vaters einatmen und das Parfüm in
den Kleidern meiner Mutter riechen. Deshalb
habe ich an ihren Sachen geschnuppert und
den kühlen Stoff ihres Seidensommerkleids
an mein Gesicht gehalten.

So saß ich eine Weile im dunklen Schrank.
Dabei stellte ich mir vor, dass ich mit meinen
Eltern Ausflüge mache oder mit ihnen
zusammen in Urlaub fahre. Ich war so in
meine Gedanken versunken, dass ich gar
nicht merkte, als sie ins Zimmer kamen.

Doch als sie die Schranktür aufrissen,
war ich wieder zurück in der Wirklichkeit.

Ich schaute in ihre wütenden Gesichter.

„Spinnst du?" – „Was machst du denn hier?" – „Auf dich kann man sich einfach nicht verlassen!" – „Da denkt man, du schläfst!
5 Und du sitzt hier im Schrank und träumst vor dich hin." – „Das ist doch nicht normal."

Danach waren sie tagelang ganz komisch. Sie sprachen nur das Nötigste mit mir und behandelten mich wie Luft.

Aber das ist schon eine Weile her. Jetzt ist Sommer und meine Eltern sind öfter zu Hause. Sie sitzen gern auf der Terrasse. Wenn ich mein Fenster öffne, höre ich, was sie sich
5 erzählen. Das ist dann fast so, als wäre ich dabei. Es ist gut, dass meine Eltern nicht wissen, dass ich von hier oben hören kann, was sie sagen.

Eigentlich hat meine Mutter erst morgen
10 Geburtstag, aber sie feiert hinein. Deshalb habe ich ihr mein Geschenk schon heute gegeben. Damit sie es um Mitternacht aus-packen kann.
Ich gehe leise hinüber zum Regal. Ich
15 suche etwas, das ich mit ins Bett nehmen kann. Etwas zum Kuscheln. Da finde ich auch schon Pepe, meinen alten Stoffaffen. Seine langen weichen Arme umklammern mich und wollen mich gar nicht mehr los-
20 lassen.

Ich setze Pepe auf das Kopfkissen und
lege mich wieder ins Bett. Ich kneife die
Augen zusammen und sehe helle Ringe und
Spiralen, die sich hinter meinen Augenlidern
5 drehen. Ich will einschlafen und erst am
Morgen wieder aufwachen. Aber das geht
nicht. Meine Lider beginnen zu zittern.
Da spüre ich auch schon die ersten Tränen.
Dabei will ich gar nicht weinen.

10 Ich springe auf und gehe ins Bad. Ich
wasche mein Gesicht mit kaltem Wasser.
Das tut gut!

„Was machst du denn noch hier? Du
sollst doch schon längst schlafen!" Das ist
15 mein Vater. Ich habe vergessen, dass das
Badezimmerlicht auf der Terrasse zu sehen
ist.

„Jaja, ich geh ja schon. Hatte nur Durst."
Meine Eltern mögen es nicht, wenn ich
20 immer wieder aufstehe, hier was hole und da
was trinke. Also flitze ich an meinem Vater

vorbei in mein Zimmer zurück. Bevor er
sauer wird.

Ich liege im Bett und starre an die Decke.
Es ist kurz vor zwölf. Gleich werden sie
Augen machen! Wenn meine Mutter das
Geschenk auspackt … Wenn sie sieht, wie
viel Mühe ich mir gegeben habe … Es ist ein
Bild, das ich selbst gemalt habe. Mit Acryl-
farben, auf Tonpapier. Meine Eltern werden
stolz auf mich sein. Ihre Gäste werden sagen:
„Donnerwetter, da habt ihr ja ein tolles
künstlerisches Talent in der Familie!"

Während ich das denke, klopft mein
Herz vor lauter Vorfreude. So kann ich nicht
einschlafen. Das geht nicht, wenn man so
aufgeregt ist, dass man sein eigenes Herz
schlagen hört.

Die Stimmen auf der Terrasse werden
immer lauter. Wieder stehe ich auf und
schaue vorsichtig hinunter. Ich bin mir
sicher, dass jetzt keiner auf mich achtet.

77

Deshalb öffne ich leise das Fenster. Niemand schaut nach oben. Mein Vater lässt den Korken einer Sektflasche knallen. Alle halten Gläser in den Händen. Mein Vater füllt sie

5 mit Sekt.

„Sechs, fünf, vier, drei, zwei, eins …", zählt eine tiefe Männerstimme. Gläser klingen.

„Herzlichen Glückwunsch zum Geburtstag!", rufen alle laut durcheinander. Nach-

10 einander stoßen sie mit meiner Mutter an und umarmen sie.

„Liebe Mama, herzlichen Glückwunsch zum Geburtstag!", sage ich leise. Ich möchte sie auch gern umarmen.

15 Gleich wird sie mein Bild sehen. Vielleicht kommt sie dann noch hoch zu mir. Ich sollte besser so tun, als ob ich schon schlafe. Dann ist sie bestimmt zufrieden. Sie wird sich über mich beugen und mir vor lauter Freude einen

20 Kuss geben. Ganz vorsichtig, damit ich nicht aufwache.

Mit dem Bild habe ich mir große Mühe gegeben. Ich musste es ja heimlich malen, damit meine Mutter nichts mitkriegt. Ich habe noch nie vorher mit Acrylfarben
5 gemalt. Für das Bild habe ich nur leuchtende Rot- und Orangetöne verwendet. Unter das große feuerrote Herz in der Mitte habe ich geschrieben: „Meiner lieben Mama zum Geburtstag!"

10 Rund um das Herz habe ich kleine Papptüren zum Aufklappen geklebt, wie bei einem Adventskalender. Die Türen sind mit Blüten verziert. Weil meine Mutter Blumen so liebt. Hinter den Türen stehen Sprüche
15 und kleine Gedichte. Um das Herz herum habe ich noch ein paar Zweige und Blüten gemalt. Und in die Blüten hinein noch ein paar Herzen. Schließlich hatte ich jede Menge rote Farbe gemischt. Das Bild habe ich in
20 hellrotes Geschenkpapier eingepackt, eine knallrote Samtschleife darumgebunden und

das Päckchen mit einem Strauß Vergissmein-
nicht verziert.

Ich versuche zu erkennen, wo mein Geschenk
liegt. Da entdecke ich das auffällige rote
Päckchen auf dem kleinen Beistelltisch an
der Seite. Es ist das einzige Geschenk, das
noch nicht ausgepackt ist.

Meine Mutter bedankt sich bei ihren
Gästen. Wieder umarmen sich alle. Und
wieder stoßen sie mit Sekt an.

„Danke, vielen Dank … Ich weiß gar
nicht, was ich sagen soll …" Die Stimme
meiner Mutter klingt ganz hell vor Freude.
„Schön, dass ihr hier seid. Und natürlich
danke für eure Geschenke!"

Alle setzen sich wieder. Ich kann das
nicht glauben! Und mein Geschenk? Sie hat
doch mein Geschenk noch gar nicht ausgepackt! Das rote Papier leuchtet im Kerzen-
schein. Das muss sie doch sehen!

„Guck mal! Da liegt ja noch ein Geschenk.
Ist das von deinem Sprössling?"

Ein Gast hebt es hoch und hält es ihr
entgegen.

5 „Ach, ja", sagt meine Mutter, „das kann
ich morgen noch aufmachen." Aber plötzlich
klatschen alle in die Hände und rufen: „Aufmachen! Aufmachen!"

Da reißt meine Mutter das Geschenk-
10 papier herunter. Sie wirft einen kurzen Blick
auf das rote Bild und lacht.

,Sie freut sich‘, denke ich.

„Oha! Das ist ja ein echtes Kunstwerk!",
ruft ein Freund von Papa. Er hält das Bild
15 hoch und schwenkt es lachend hin und her.

Auch die anderen Gäste fangen laut an zu
lachen und rufen durcheinander: „Puh! Ganz
schön kitschig, was?" – „Na, wo hängst du
das denn bloß hin? Vielleicht aufs Klo?" und
20 „Donnerwetter! Da wird einem ja ganz warm
ums Herz bei so viel Herzlichkeit!"

Fassungslos stehe ich da und höre zu. Ich kann mich kaum bewegen. Doch irgendwie schaffe ich es, ins Bett zu kommen. Lautlos weine ich mich in einen unruhigen Schlaf.

5 Früh am Morgen werde ich wach. Es ist ganz still. Sofort erinnere ich mich an die Nacht. Ich spüre einen stechenden Schmerz. Es ist ein Schmerz, wie ich ihn noch nie vorher empfunden habe.

10 Ich gehe ans Fenster und schaue nach unten. Auf dem Tisch stehen noch leere Flaschen, einige Gläser und halbvolle Schalen mit Chips. Ein umgekippter Aschenbecher liegt in einer Bierpfütze. Zwischen den ver-
15 streuten Zigarettenstummeln leuchtet mir das rote Herzbild entgegen. Es ist schon ein bisschen zerknittert.

Leise schleiche ich im Schlafanzug nach unten und öffne die Terrassentür. Auf dem
20 Tisch entdecke ich ein Feuerzeug.

Entschlossen lasse ich es aufschnappen
und halte die Flamme an das Bild. Es fängt
sofort an zu brennen.

Wie gebannt schaue ich auf das flammende
5 Herz.

Da höre ich die Stimme meiner Mutter:
„Was machst du denn da? Bist du verrückt?"

Als sie näher kommt, ruft sie entsetzt aus:
„Wie kannst du nur so etwas Herzloses tun?"

8. Geschichte:
Ein Geschenk zu Weihnachten

„Putz dir noch die Zähne und dann ab ins
Bett!", ruft die Mutter Robin nach.

Er schlurft müde ins Bad. Aber schlafen
kann er heute Nacht sowieso nicht. Morgen
ist endlich Heiligabend. Robin kann es
kaum erwarten! Er hat sich nämlich von
seinen Eltern einen Computer gewünscht.

Er drückt etwas Zahnpasta auf seine Zahn-
bürste. Dabei malt er sich aus, wie er seinen
Freunden den neuen PC vorführen wird.

Während er seine Zähne putzt, fällt ihm
plötzlich etwas ein: Er hat ja noch gar keine
Geschenke! Irgendwie hat er das mit den
Weihnachtsgeschenken für seine Eltern
immer vor sich hergeschoben. Mist! Jetzt ist
es wohl zu spät, oder?

Nein, irgendwie muss er das noch auf die
Reihe kriegen. Immerhin wird er morgen

einen Computer bekommen. Da kann er
nicht mit leeren Händen dastehen!

Er spült sich den Mund aus und überlegt,
was er tun kann. Nicht mehr viel. Es ist
nämlich schon kurz nach elf.

Da hat er eine Idee! Er wird für die Mutter
Weihnachtssterne basteln. Sie freut sich doch
immer so über selbst gemachte Sachen.

„Es kommt gar nicht darauf an, was man
schenkt. Hauptsache, man sieht, dass sich
jemand Mühe gegeben hat", sagt sie immer.

Also los! Er braucht Papier, am besten
Geschenkpapier. Das ist schon farbig. Da
kann er sich das Anmalen sparen. Bloß …
wo soll er das hernehmen? Unter dem Schrank
liegt doch noch Geschenkpapier von seinem
letzten Geburtstag. Das kann er nehmen.
Es ist etwas verknickt und das Muster mit
den roten Autos passt nicht zu Weihnachten.
Aber er hat eben nichts anderes.

Gut, dass er das Papier noch nicht weg-geworfen hat. „Nun räum doch mal dein Zimmer auf!", hat seine Mutter oft gesagt. Manchmal ist es gut, wenn man nicht auf seine Mutter hört.

Robin streicht das Papier glatt. Das ist gar nicht so einfach. Als sich das Papier aufzulösen droht, beschließt er, dass es glatt genug ist.

Mühsam schneidet er zwei Sterne zurecht. Weil die Zacken so unregelmäßig sind, muss er immer mehr abschneiden und die Sterne werden immer kleiner. Das Kleben klappt auch nicht richtig. Erst muss er lange nach dem Klebestift suchen. Als er ihn findet, ist er fast ausgetrocknet. Robin gähnt. Er kann nicht mehr. Doch irgendwann hat er es geschafft. Auf einen kleinen Zettel schreibt er: *Für Mama*. Er hängt ihn an einen der Weihnachtssterne und versteckt beide in seinem Schreibtisch.

Eigentlich sollte seine Mutter diese Salz- und Pfefferstreuer bekommen. Die hat sie in einem Laden gesehen. Sie haben ihr so gut gefallen.

Und seinem Vater wollte er Rasierwasser kaufen. Aber das Geld hat einfach nicht gereicht! Der Kinobesuch mit Irina war teuer und die neue CD erst recht! Plötzlich war einfach kein Geld mehr da für die Streuer und das Rasierwasser.

Auweia … Papa! Den hat er ja ganz vergessen! Moment! Er hat doch *zwei* Sterne für seine Mutter gebastelt … Einen davon kann er doch seinem Vater schenken. Also holt er einen der Sterne noch mal aus dem Schreibtisch. Auf

einen zweiten Zettel schreibt er: *Für Papa*.
Der Stern verschwindet wieder samt Anhänger
in der Schublade. Geschafft! Völlig erschöpft
fällt Robin ins Bett.

5 Am nächsten Morgen ist Robin schon früh
wach. Endlich ist Weihnachten! Endlich wird
sein Wunsch nach einem eigenen Computer
erfüllt! Nur diesen einen Wunsch hat er.
Sonst keinen.

10 Robin springt aus dem Bett. Auf dem
Schreibtisch macht er schon einmal ein
bisschen Platz für den neuen Computer.
Er räumt die Bastelsachen von gestern weg.
Gut, dass er noch fertig geworden ist!

15 Zufrieden mit sich und seinen Geschenken
geht er in die Küche, wo seine Mutter schon
das Frühstück vorbereitet hat.

Den Vormittag verbringt Robin damit,
den Eltern beim Schmücken des Weihnachts-
20 baums und bei der Vorbereitung des fest-

lichen Abendessens zu helfen. Das tut er zwar nicht gerne, aber so vergeht wenigstens die Zeit bis zur Bescherung schneller. Beim Abendessen bekommt er fast keinen Bissen
5 hinunter, weil er zu aufgeregt ist. Endlich hat die computerlose Zeit ein Ende! Alle seine Freunde haben einen eigenen Computer! Na ja, fast alle.

Er ist gespannt, was die Eltern für ihn
10 ausgesucht haben. Aber es wird schon das Richtige sein. Beide haben ja Ahnung von Computern. Und zu Weihnachten haben sie ihn noch nie enttäuscht.

Mit klopfendem Herzen betritt Robin
15 das Wohnzimmer. Aber er hat keine Augen für den geschmückten Weihnachtsbaum, der leuchtend in der Mitte des Raumes steht. Ein Blick unter den Baum genügt, um zu sehen, dass da kein Computer steht. Er muss
20 schlucken. Eine riesige Welle der Enttäuschung überschwemmt ihn. Er kann nichts

dagegen machen, dass ihm die Tränen hoch-
kommen. Nein, wie peinlich! Bloß nicht
heulen!

Jetzt werden die Geschenke verteilt. Die
Eltern lächeln nachsichtig, als Robin ihnen
die angeknickten Sterne mit Auto-Muster in
die Hand drückt.

„Und du, Robin? Willst du dein Geschenk
gar nicht auspacken?" Der Vater hält ihm
noch ein Päckchen hin. Es hat die Form
eines dicken Buches. Robin sieht sofort, dass
auch das kein Computer sein kann.

„Mach ich nachher auf. Ich komm gleich
wieder!" Robin flieht ins Badezimmer. Er
dreht den Schlüssel um und setzt sich auf
den Rand der Badewanne. Jetzt muss er doch
noch heulen. Was für eine Enttäuschung! Aber
Robin ist nicht nur enttäuscht. Er ist auch
ein bisschen wütend. Wie konnten ihm seine
Eltern das antun? Sie wussten doch, wie sehr
er sich einen Computer gewünscht hat.

Aber er wird sich jetzt nichts anmerken lassen! Schnell lässt er kaltes Wasser über sein verheultes Gesicht laufen. Er atmet tief durch und geht zurück ins Wohnzimmer.

„Robin, wo warst du denn so lange? Jetzt pack doch endlich mal dein Geschenk aus!" Die Eltern halten ihm noch einmal das Buchpaket entgegen.

Er schluckt. Dann löst er die knallrote Schleife und reißt das grün schimmernde Geschenkpapier herunter. Es ist wirklich ein Buch ... Wie langweilig.

5 Als Robin den Titel lesen will, verschwimmen die Buchstaben vor seinen Augen. Doch dann erkennt er, dass es ein Computerhandbuch ist! Was soll er damit? Er hat doch keinen Computer!

10 „Danke!", sagt er mühsam. Er will das Buch zur Seite legen.

Da sagt sein Vater grinsend: „Du musst schon noch reinschauen!"

Robin schlägt das Buch auf. Darin entdeckt er einen kleinen Briefumschlag. Er ist mit kleinen Computern bemalt.

Mit zitternden Händen macht Robin den Umschlag auf. Darin liegt eine Karte. Darauf steht, dass Robin in sein Zimmer gehen soll.

20 Sofort rast er los, reißt seine Zimmertür auf und erstarrt. Auf seinem Schreibtisch

steht ein riesengroßes, grünes Paket mit roter
Schleife. Der Computer!!! Na also! Jetzt kann
Robin sich doch noch freuen.

„Ihr seid die Besten!", ruft er den Eltern
zu, die ihm nachgekommen sind.

Aber in die Freude mischt sich noch ein
anderes, seltsames Gefühl. Ob er selbst alles
richtig gemacht hat? Dieses Weihnachtsfest
wird er nicht vergessen. Und er weiß: Im
nächsten Jahr wird er einiges anders machen.

9. Geschichte:
Nur ein Lackschaden

„Papa, hast du mal kurz Zeit?“

Der Vater hockte am Boden. Er hob kurz
den Kopf und zog die Augenbrauen hoch.
„Was gibt's?“, fragte er. Dabei nahm er die
Kabelrolle, befestigte das Ende mit einem
Gummiband und legte die Rolle in die große
Werkzeugkiste zurück.

„Also, ich hab da …“ Paul druckste herum.
Er fand nicht die richtigen Worte.

„Ärger?“, fragte der Vater. „Hast du was
ausgefressen?“

„Nö, eigentlich nicht.“ Paul senkte den
Kopf und trat von einem Bein aufs andere.

„Eigentlich nicht?! Dann ist es wohl
nicht so wichtig, oder?“ Der Vater stand auf,
rieb seine Knie und meinte: „Na los, jetzt sag
schon. Aber mach's kurz. Ich muss noch zum
Baumarkt. Die schließen gleich.“

Paul und sein Vater stiegen hintereinander die Kellertreppe hoch. Sein Vater wusch sich in der Küche die schmutzigen Hände. Paul beobachtete ihn, wie er die Seife verteilte und

5 dann mit warmem Wasser wieder abwusch. Ihm fiel ein, dass es eine Redensart gab: *seine Hände in Unschuld waschen.*

‚Wär schön, wenn ich das auch einfach machen könnte‘, dachte Paul. Sein Vater

10 machte immer alles richtig. Der wusste auf alle Fragen eine Antwort.

„Auch was zu trinken?", fragte er Paul. Paul schüttelte den Kopf. Der Vater nahm sich eine angebrochene Flasche Mineralwasser

15 aus dem Kühlschrank und trank sie in einem Zug leer. Er rülpste.

„Entschuldigung!", sagte er. „Ich hatte so einen Durst. Seit heute Morgen hocke ich im Keller und … – Na ja, egal. Was wolltest

20 du mir denn sagen?" Er setzte sich zu Paul an den großen Tisch.

„Also, irgendwie kann ich gar nichts dafür", fing Paul an. „Es hat sich so ergeben, hab's auch einfach vergessen …" Er stockte, schluckte und schaute zur Seite.

5 „Ich versteh kein Wort", sagte sein Vater ungeduldig. „Jetzt mal der Reihe nach."

„Also, es ist so: Die behaupten, ich hätte was gestohlen!" Unsicher schaute er seinen Vater an.

10 „Wer behauptet das?"

„Die aus meiner Klasse. Sie sagen, ich hätte ein Computerspiel geklaut. Aber ich hab wirklich keine Schuld!"

„Moment mal! Ganz langsam. Warum
15 behaupten deine Klassenkameraden das?"

Der freundliche Blick des Vaters ermunterte Paul weiterzuerzählen: „Das war vorgestern. Jan hat seine neuen Computerspiele mit in die Schule genommen. Hat er zum
20 Geburtstag gekriegt. Die wollte er allen zeigen. Und *Orion 2006* war auch dabei.

Das hätte ich ja auch gern, aber es ist so irre
teuer. Na ja, jedenfalls hatte ich es in der
Hand, als der Lehrer reinkam. Und … da
hab ich's schnell in den Rucksack gesteckt,
5 damit er es nicht sieht – und dann hab ich es
vergessen." Paul konnte jetzt gar nicht mehr
aufhören zu reden. Er war erleichtert. Die
Sätze sprudelten nur so aus ihm heraus. „Nach
der Stunde hat Jan sein Spiel gesucht. Aber
10 ich hab wirklich nicht mehr dran gedacht.
Als ich dann nachmittags meinen Rucksack
ausgepackt habe …"

„… hast du das Spiel entdeckt und wolltest
es sofort zurückgeben", unterbrach ihn der
15 Vater.

„Nein, eben nicht. Da hab ich mich nicht
mehr getraut! Und gestern hat Jan dann gleich
von Klauen geredet. Da konnte ich doch
nichts mehr sagen. Und heute war was los!
20 Jan ist zum Direx gegangen und hat ihm von
dem Diebstahl erzählt …" Paul brach ab.

97

„Was soll ich jetzt machen?", fragte er.

Sein Vater nahm ihn in den Arm. „Paul, ich glaube dir. Und ich bin froh, dass du zu mir gekommen bist. Ich kann dir nur einen einzigen Rat geben: Du musst das Spiel zurückgeben und erzählen, wie das alles gewesen ist."

„Die glauben mir doch nie, dass ich das Spiel nicht geklaut habe. Und dann halten sie mich bestimmt alle für einen Feigling, weil ich ein schlechtes Gewissen gekriegt habe."

„Paul, darauf kommt es doch gar nicht an. Es ist egal, was die anderen denken. Du musst einfach ehrlich sein!"

Paul sah ihn unglücklich an. „Meinst du?" Er war enttäuscht, dass auch sein Vater keine bessere Lösung wusste.

„Du musst dir eines merken", sagte der Vater, „es gibt nie eine bessere Lösung, als die Wahrheit zu sagen. Ohne Ehrlichkeit

geht gar nichts im Leben, sonst …" Was
jetzt kam, kannte Paul schon. Ehrlichkeit
und Anstand waren die Lieblingsthemen
seines Vaters. „Hast du keine bessere Idee?",
5 unterbrach er ihn schnell.

„Paul, einen anderen Rat kann ich dir
nicht geben! Und jetzt muss ich fahren. Der
Baumarkt macht gleich zu. Wenn du willst,
kannst du ja mitkommen. Dann reden wir
10 im Auto weiter!" Der Vater nahm die Auto-
schlüssel und sah ihn auffordernd an.

Paul fuhr mit, aber eigentlich hatte er das
Gefühl, dass schon alles besprochen war.
Irgendwie hatte sein Vater ja recht. Paul
15 überlegte, wann und wie er den anderen die
Wahrheit sagen sollte. Vielleicht sollte er
einfach zu Jan nach Hause gehen? Zuerst
mit ihm allein reden? Oder …?

Inzwischen waren sie im Parkhaus des
20 Baumarktes angekommen. Pauls Vater suchte
ungeduldig nach einer Parklücke. Hektisch

99

parkte er ein. Plötzlich trat er mit voller Wucht auf die Bremse. Zu spät! Es gab einen lauten Knall.

„Mist!", rief der Vater. Paul drehte sich um. Sein Vater hatte ein parkendes Auto gerammt. Und zwar ausgerechnet ein ziemlich neues mit dunkelblauer Metallic-Lackierung!

„Der hat aber auch völlig blöd geparkt!",
schimpfte sein Vater. Hastig sprang er aus
dem Wagen, um den Schaden zu begutach-
ten. Paul blieb im Auto sitzen. Wenn sein
5 Vater wütend war, hielt man sich besser raus.

Wenige Sekunden später stieg sein Vater
wieder ein und warf die Fahrertür zu. Paul
sah ihn von der Seite an. „Und?", fragte er.

„Nichts passiert. Ist nur ein Lackschaden!
10 Fast nichts zu sehen. Aber wenn das repariert
wird, du meine Güte, was das wieder kostet!
Und hat ja keiner was gemerkt." Der Vater
war nervös. Er atmete tief ein und wieder
aus. Langsam drehte er den Zündschlüssel
15 um und ließ den Wagen an.

Dann fuhr er aus dem Parkhaus heraus.
Paul schwieg. Die ganze Zeit dachte er an
den tiefen Kratzer im Lack.

Plötzlich trat der Vater auf die Bremse.
20 „Nein! So geht das nicht!", sagte er. „Ich
fahre zurück."

101

10. Geschichte:
Die Muschelkette

Nie wieder! Nie wieder Ferien mit meinem kleinen Bruder Ole! Es ist ein Wunder, dass wir jetzt endlich im Zug sitzen. Wegen meines Chaosbruders hätten wir ihn beinahe
5 verpasst.

Als wir im Taxi zum Bahnhof saßen, schrie er wie ein Ertrinkender: „Mama! Mein MP3-Player ist weg!" War er nicht! Aber erst mal konnten wir nicht losfahren und mussten
10 danach suchen. Er lag auf dem Boden und war unter den Fahrersitz gerutscht.

Zwei Minuten später das nächste Theater: „Iiiiiiiih!", schrie Ole. „Mein Saft ist ausgelaufen!" Angewidert hielt er seinen feuchten,
15 klebrigen Rucksack hoch. Zum Glück behielten meine Eltern die Nerven.

Dafür bin ich total durcheinander. Aber nicht wegen Ole! Beim Einsteigen in den

Zug habe ich einen supersüßen Jungen gesehen. Er hat braune Haare und blaue Augen.
Und er sieht aus wie Robbie Williams. Nur
jünger natürlich.

5 Ich blicke aus dem Fenster und überlege,
wie ich ihn ansprechen könnte.

Ole langweilt sich. „Ich hab Durst!",
quengelt er. „Ist es noch weit?" Dann fragt er
mich: „Melanie, spielst du mit mir Karten?"

10 Ich verdrehe die Augen und strecke mich
aus. „Nein, ich bin müde und will schlafen."
Schon bereue ich diese Ausrede. Eigentlich
will ich ja lieber ein bisschen durch den Zug
laufen und nachsehen, wo Robbie ist.

15 Jetzt öffnet mein Bruder seinen feuchten
Rucksack und wühlt darin herum. „Hier. Ist
für dich!" Er hält mir eine lange Kette aus
kleinen gezackten Muscheln entgegen. „Die
hab ich für dich gemacht. Ich wollte sie dir
20 schon gestern geben, aber du hast ja schon
wieder so früh geschlafen!"

Ja, mein alter Trick, wenn ich meine Ruhe haben will. „Danke", murmle ich. Ich lege die
5 klebrige Kette neben mich auf den Sitz. Was soll ich damit? So eine Kinderkette hänge ich mir doch nicht um.

Als Ole sich hinter seinen Comicheften verschanzt, verschwinde ich schnell. Ich laufe
10 durch die langen Gänge. Dabei schaue ich links und rechts durch die Sitzreihen. Irgendwo muss Robbie ja sein.

Da sehe ich ihn auch schon! Oder besser gesagt: Ich stolpere über ihn. Er hockt näm-
15 lich auf seinem Riesenrucksack im Gang und nimmt gerade einen Schluck aus seiner Colaflasche.

Als ich an ihm vorbei will, zieht er die Beine ein. Dabei guckt er hoch und strahlt
20 mich an. Und ich Feigling dränge mich einfach an ihm vorbei, als hätte ich es ganz eilig.

Im nächsten Wagen lehne ich mich erst mal gegen die Wand und atme tief durch. Diese Augen! Die sind mindestens so schön wie die von Robbie Williams. Was mache ich jetzt nur? Ich kann ja nicht gleich wieder zurück! Also schaue ich nach draußen und sehe die Felder an mir vorbeifliegen.

Jetzt ist genug Zeit vergangen. Ich kann zurückgehen. Vorsichtig schaue ich durch die Tür zu Robbies Wagen.

Da bleibt mein Herz fast stehen. Das gibt's ja nicht! Mein Bruder spricht mit Robbie! Mein Chaosbruder Ole und Robbie Williams! Das ist das Ende! Hoffentlich erzählt der jetzt keinen Müll über mich. Dann ist alles verdorben!

Ich mache einen Schritt nach vorn. Mit einem Zischen öffnet sich die automatische Tür. Schnell drücke ich mich gegen die Wand, damit die beiden mich nicht sehen können.

105

„... meine Schwester. Sie heißt Melanie",
höre ich Ole sagen.

„Und wie ist sie so?", fragt Robbie.

„Toll! Melanie ist die beste Schwester der
5 Welt." Dabei hält Ole seinen Daumen hoch.

„Und kommt ihr jetzt aus dem Urlaub?",
will Robbie wissen. Er trinkt einen Schluck
aus der Colaflasche.

„Ja, wir waren zwei Wochen am Meer. Melanie und ich haben zusammen gespielt und getaucht und Muscheln gesucht. Sie ist spitze!"

Jetzt übertreibt er aber! Weil ich mich so anstrengen muss, jedes Wort zu verstehen, komme ich gar nicht dazu, mich zu schämen über so viel Lob.

„Und was macht sie so? Ich meine …" Robbie zögert etwas. „Erzähl doch mal! Was hat sie denn für Hobbys? Hat sie eigentlich einen Freund?"

Pschschschsch! Zischend schließt sich die Automatiktür. So ein Mist! Jetzt kann ich Oles Antwort nicht hören. Dann sehe ich, dass Robbie aufgestanden ist. Er geht mit Ole den Gang entlang, in Richtung unseres Abteils.

Auch ich gehe langsam zurück. Vorsichtig spähe ich in unser Abteil. Ole sitzt auf seinem Platz. Von Robbie ist nichts zu sehen.

Als ich die Schiebetür öffne, zittern meine Knie so sehr, dass ich auf meinen Sitz falle. Ich muss tief durchatmen und stütze mich mit den Händen ab.

⁵ Aua! Etwas Spitzes bohrt sich in meine linke Handfläche.

Die Muschelkette! Ich lasse sie langsam durch die Finger gleiten und schaue sie mir jetzt doch mal genauer an.

¹⁰ Hm. Eigentlich ist sie gar nicht so hässlich. War auch bestimmt gar nicht so einfach, die Löcher in die dünnen Schalen zu bohren.

Ich streife die Kette über den Kopf. Die kleinen Muschelzacken pieksen ein bisschen ¹⁵ am Hals. Ole sieht mich an und lächelt. „Steht dir gut", sagt er stolz.

„Dankeschön!", antworte ich. Jetzt wackeln meine Knie nicht mehr. Ich stehe auf und sage: „Ich geh noch ein bisschen durch den ²⁰ Zug."

„Viel Spaß!", ruft Ole und grinst.

Mein Blick fällt auf den kleinen Spiegel an der Wand des Abteils. Das Mädchen mit der Muschelkette lächelt mir erwartungsvoll entgegen.

11. Geschichte:
Versprochen

Fabian hörte das Schlagen der Haustür nicht.
Er zuckte zusammen, als es an seiner Zimmertür klopfte. Was? Schon so spät?

Sein Vater kam von der Arbeit zurück.

5 „Na, Fabian. Alles klar?", fragte er. „Warst du
einkaufen?"

Mist! Das hatte er ganz vergessen! Die
Zeit war einfach so schnell vergangen. Schon
seit Stunden saß er an seinem Computer.

10 Er spielte *Blast-Storm 21*. Das war super-
spannend! Fabian war ein Weltraum-Polizist
und musste alle Gegner ausschalten, die ihm
in die Quere kamen.

„Mach ich gleich noch!", rief Fabian. Er

15 wollte nur noch ausprobieren, ob er auch
den Kampf gegen die gefährlichen Zyklopen
gewinnen konnte! Dann würde er ins nächste
Level aufsteigen.

Jaaaaaa! Er schaffte es! Er schaffte sie
alle! Er war der Super-Polizist! Nur noch die
letzte Aufgabe lösen, ins nächste Level aufsteigen und dann …

Da hörte Fabian wieder die Stimme des
Vaters: „Fabian? Wann gehst du denn endlich
einkaufen?"

Mist, verdammter! Jetzt hatte er schon
wieder die Zeit vergessen! Wie spät war es
denn? Schon kurz vor acht. Da schlossen die
Geschäfte! Jetzt aber los!

Fabian raste die Treppen hinunter in den
Keller und wollte sich sein Rad schnappen.
Nein! So was Blödes! Der Reifen war platt.
Was jetzt?

Sprinten bis zum Laden. Zu spät! Schon
geschlossen …

‚Mist! Vati wird bestimmt sauer', dachte
Fabian. ‚Ich hab ihm doch versprochen ein-
zukaufen.' Aber da war jetzt nichts zu
machen …

Fabian war ganz außer Atem, als er wieder zu Hause ankam. Sein Vater wartete schon auf ihn.

„War schon alles zu", sagte Fabian. „Tut
5 mir leid!" Das hätte er sich sparen können!

„Kann man sich nur einmal auf dich verlassen? Nur ein einziges Mal?", schimpfte der Vater gequält. „Geh in dein Zimmer und denk mal drüber nach!"

10 Und Fabian dachte wirklich darüber nach, warum er es nicht schaffte, seine Versprechen zu halten. Aber er überlegte nicht lange. Lieber setzte er sich wieder an seinen PC. Bei *Blast-Storm 21* machte ihm keiner
15 was vor! Da war er der Beste.

Fabian hatte das ganze Wochenende an seinem Computer gehangen. Und er hatte viel Zeit dazu gehabt. Er hatte sich extra nicht mit seinen Kumpels verabredet. Sein Vater wollte
20 nämlich mit ihm Motorrad fahren. Das erste

Mal in diesem Jahr. Einfach kreuz und quer
durch die Gegend. Aber daraus war nichts
geworden. Der Vater hatte tausend Entschul-
digungen gehabt: „Du, Fabian, es sieht nach
Regen aus." – „Gestern Abend ist es spät
geworden!" – „Ich muss vorher noch die
Batterie laden." – „Vielleicht morgen!"

„Aber nächstes Wochenende klappt's!
Bestimmt!", hatte der Vater versprochen.

Fabian wunderte sich nicht einmal. Denn
so war das immer. Ende März hatte Fabian
Geburtstag gehabt. Sein Vater hatte ihm eine
Motorradtour geschenkt. Die Strecke durfte
er sich selbst aussuchen. Sein Vater fuhr über
den Winter nicht mit der BMW und hatte sie
abgemeldet. Aber nun war doch längst Früh-
ling und trotzdem war bis jetzt nichts aus
dem Ausflug geworden. Der Vater schob ihn
immer wieder vor sich her.

„Keine Zeit!" – „Schlechtes Wetter!" –
„Zu umständlich!" Irgendwas war immer!

Dabei tat sein Vater so, als ob er ein großer Motorradfahrer wäre. So ein Quatsch! Die Mutter hatte immer Angst gehabt. Ihr wäre es am liebsten gewesen, wenn er die BMW verkauft hätte. Aber der Vater schwärmte immer: „Motorrad fahren, das ist Freiheit!"

Da hatte sich der Vater noch nie reinreden lassen. Das war eben sein Hobby. Die Mutter hatte auch nie mitfahren wollen. Aber Fabian! Er würde so gern mit dem Vater diese grenzenlose Freiheit genießen!

Jetzt war die Mutter weg und der Vater fuhr trotzdem kaum. Seit fast zwei Jahren lebten Fabian und sein Vater allein. Die Mutter war in eine andere Stadt gezogen. Fabian sah sie nur einmal im Monat und sein Vater hatte wenig Zeit.

Deshalb hatte Fabian sich so über das Geburtstagsgeschenk gefreut! Endlich würde der Vater Zeit für ihn haben. Dann könnte er

ihm mal von seinen Schulsorgen erzählen, von der Mathe-Fünf oder dem verpatzten Test. Draußen, so von Mann zu Mann …

,Wenn wir irgendwo Pause machen, kann ich in Ruhe mit ihm reden. Wenn er Motorrad fährt, ist er gut drauf. Dann macht er bestimmt keinen Ärger', hatte Fabian überlegt. ,Ich muss ihm endlich von Mathe erzählen. Und dass ich vielleicht sitzenbleibe, wenn ich die nächste Arbeit verhaue …'

Fabian spürte einen leichten Druck im Magen. Er war froh, dass er sein kleines Zimmer hatte. Hier störte ihn niemand. Und wenn er vor seinem Computer saß, vergaß er die Welt um sich herum.

Sein Computer – den hatte er sich ganz allein verdient! Viele Wochen hatte er in dem kleinen Getränkemarkt an der Ecke ausgeholfen. Jeden Euro hatte er gespart.

Der Computer war gebraucht und nicht das neueste Modell, aber Fabian reichte er.

Auch wenn die anderen sich darüber lustig machten, dass er manche Computerspiele gar nicht laden konnte. Aber *Blast-Storm 21* lief ganz gut.

5 Fabian kämpfte schnell noch mal gegen gefährliche Außerirdische. Dann war Schluss für heute. Für morgen war die nächste Mathearbeit angekündigt. Der absolute Horror!

Deshalb wollte er vor dem Schlafengehen
noch ein bisschen üben.

Doch dazu kam es nicht. Das Spiel dauerte
länger als gedacht. Fabian war todmüde.

‚Ist doch sowieso egal!‘, dachte er, bevor
er endlich ins Bett ging.

Am nächsten Morgen klingelte der Wecker
um Punkt halb sieben. Fabian war ein Mor-
genmuffel. Er kam morgens einfach nicht in
Fahrt. Deshalb hatte er den Wecker extra
weit weg von seinem Bett gestellt. Er musste
aufstehen, um ihn auszuschalten.

Als Fabian aus dem Badezimmer kam,
saß sein Vater schon in der Küche. Zum
Quatschen war wenig Zeit. Beide hatten es
eilig. Fabian biss noch schnell in sein Butterbrot. Dann musste er auch schon zum Bus.

Die Mathearbeit war gleich in der ersten
Stunde. Als Fabian in den Klassenraum kam,
saßen die anderen schon fast alle auf ihren

Plätzen. Er holte seine Stifte heraus. Da kam auch schon der Lehrer. Er teilte die Aufgabenblätter aus.

Keine Chance. Lauter unbekannte Aufgaben! Fabian wusste nicht, wo er anfangen sollte. Er kritzelte ein paar Zahlen, Quadrate und Formeln auf das Papier. Sein Lehrer ging durch die Klasse. „Tja, Fabian … Wenn man im Unterricht nur schläft, kriegt man eben die Quittung!", sagte er, als er die fast leeren Seiten sah.

Es klingelte zur Pause. Obwohl Fabian kaum etwas geschrieben hatte, war er irgendwie erleichtert. Wenigstens hatte die Quälerei ein Ende.

„Was hast du denn da abgegeben?", fragte sein Banknachbar. „Da stand ja fast gar nichts drauf." Einige Klassenkameraden kicherten. Einer meinte: „Vielleicht schreibt unser Weltraum-Cowboy ja mit unsichtbarer Tinte!"

Das reichte. Fabian verstand selbst nicht, was passierte. Aber er war doch der Superheld! Das musste er sich von *denen* nicht gefallen lassen. ‚Ich mach sie alle platt!‘, dachte er, als er zuschlug …

„Aufhören! Geht ihr wohl auseinander!" Fabians Klassenlehrer, der die Pausenaufsicht hatte, hielt Fabian an der Jacke fest. „Du kommst mit!", sagte er streng. „Mit dir habe ich ein ernstes Wörtchen zu reden!"

Er ging mit Fabian in eine andere Ecke des Schulhofs. Hier hörte ihnen niemand zu. „Meinst du nicht, dass das völlig überflüssig war eben?", fragte der Lehrer.

Fabian wusste nicht, was er sagen sollte. War doch sowieso alles egal.

„Weißt du nicht mehr, was du mir beim letzten Mal versprochen hast? Ich bin sehr enttäuscht."

Fabian starrte schuldbewusst auf den Boden und zuckte mit den Schultern.

„Du hast mir doch versprochen, dass du nicht mehr zuschlägst, wenn dir was nicht passt. Was wird wohl dein Vater sagen, wenn er hört, dass du dein Versprechen nicht gehalten hast?"

Leseprobe aus:

Carolin Philipps,
Martin unter Druck

Schulausgabe (light) erschienen im
Hase und Igel Verlag, München
ISBN 978-3-86760-054-5
Begleitmaterial für Lehrkräfte
ISBN 978-3-86760-354-6

Am Montagmorgen betritt Herr Borchert
mit dem Stapel Mathearbeiten unter dem
Arm die Klasse. Martin wird ganz übel vor
Aufregung.

5 „Die Arbeit ist diesmal ziemlich schlecht
ausgefallen", beschwert sich der Lehrer und
teilt die Arbeiten aus. „Bravo, Martin", sagt
er, als Martin an der Reihe ist. „Bei dir ist es
eine glatte Zwei geworden."

10 Einen kurzen Moment kann Martin sich
freuen. Jetzt wird alles gut. Jetzt bekommt er
die Schulbefreiung! Doch dann blickt er in
Mandys Gesicht. „Tolle Leistung!", sagt sie
zuckersüß. Sofort ist alles wieder da: die

düsteren Gedanken, die Angst und die
Bauchschmerzen, die Martin jedes Mal hat,
wenn er an Mandy denkt.

Nach dem Unterricht wartet Martin auf
Herrn Borchert. Er gibt ihm den Antrag für
das Länderspiel in München.

„Ich darf zu einem Spiel in der ‚U 15‘-
Auswahl antreten.“

„Super, Martin“, sagt der Lehrer. „Das ist
ja eine Wahnsinns-Chance. Und ich kann
dir eine Vier im Zeugnis geben. Dann hast
du die Versetzung noch geschafft.“

Martin atmet auf. Aber Herr Borchert
darf nie erfahren, wie er zu der Zwei in der
Mathearbeit gekommen ist.

Nach der Schule versperrt ihm Mandy den
Weg. „Tja, Martin, tolle Note. Aber das wird
teuer!“

„Was willst du noch?“ Martins Stimme
klingt entschlossener, als er sich fühlt.

Mandy lacht. „20 Euro waren für eine Vier gedacht. Eine Zwei kostet mehr."

„Ich hab kein Geld mehr."

„Das ist dein Problem. Und wenn du nicht zahlst, kann ich Herrn Borchert ja immer noch erzählen, was wirklich passiert ist."

„Das ist Erpressung!" Kaum hat Martin das Wort „Erpressung" ausgesprochen, bereut er es auch schon.

„Du hast es gerade nötig, du Betrüger! Du kannst ja zum Borchert gehen und die Wahrheit sagen", antwortet Mandy. „Und zum Erpressen gehören immer zwei: Einer, der es macht, und einer, der was zu verlieren hat."

Mandy ist sich ihrer Sache sicher: Martin muss zahlen, denn er kann auf keinen Fall zu Herrn Borchert gehen. Dann würde er für seine Mathearbeit eine Sechs bekommen, wegen Betrug. Und damit würde er sitzenbleiben!

Was Mandy nicht weiß: Damit wäre er aus, der Traum von München …

Martin hat keine Wahl. „Wie viel willst du?", fragt er leise.

„40 Euro", sagt Mandy knallhart. „Du hast drei Tage Zeit." Dann geht sie einfach weiter.

Martin ist verzweifelt. Wird sie jemals Ruhe geben? Und wie soll er bis Donnerstag an so viel Geld kommen?

Der Donnerstag kommt noch schneller als befürchtet. Martin hat wirklich versucht, die 40 Euro auf ehrliche Weise zu beschaffen: Zehn Euro sind aus seinem Sparschwein. Er hat das Auto seines Vaters gewaschen und den Rasen der Nachbarn gemäht. Aber mehr als 25 Euro sind nicht zusammengekommen. Es fehlen ihm immer noch 15 Euro – und die nimmt er heimlich aus der Geldbörse seiner Mutter.

,Ist nur geliehen, nicht gestohlen', beruhigt er sich selbst.

„Na, das klappt ja!", meint Mandy, als er ihr das Geld gibt.

„Aber jetzt muss Schluss sein!", antwortet Martin mit fester Stimme.

„Wir werden sehen", sagt Mandy und geht davon. Martin folgt ihr in die Klasse. Das schlechte Gefühl in seinem Magen bleibt. „Einmal erpressbar, immer erpressbar." Diesen Spruch hat er mal irgendwo gelesen.

Aber zunächst hat Martin Ruhe. Eine Weile lebt er so, als sei nichts gewesen. Schule, Training, Punktspiele …

„Du kannst es ganz nach oben schaffen", lobt ihn sein Trainer. Ja, ganz nach oben! Da will Martin hin. Und er ist auf dem besten Weg. Er freut sich auf das Jugend-Länderspiel in München. Nach der Zwei in Mathe hat er die Schulbefreiung in der Tasche. Die Sache mit Mandy muss er einfach vergessen. Er hat gezahlt. Sie lässt ihn in Frieden.

Doch eine Woche später wartet Mandy mittags bei den Fahrradständern auf Martin. Vor Aufregung klopft sein Herz schneller.

Eigentlich ist Mandy keine Bedrohung für Martin. Er ist größer als sie und mit Sicherheit stärker. Und doch geht etwas von ihr aus, das ihm Angst macht.

„Was willst du?", fragt er. „Ich hab's eilig."

„Musst du schon wieder zum Training?", will sie wissen.

„Klar, was sonst?" Martin will Mandy zur Seite schieben.

„Hast du in den nächsten Tagen mal Zeit?", fragt sie.

Martin schüttelt den Kopf. Was soll das jetzt? Will sie sich etwa mit ihm treffen?

„Wenn ich du wäre, würde ich mir Zeit nehmen. Wir müssen besprechen, wie es weitergeht." Mandy sagt das ganz ruhig.

Martins Magen zieht sich zusammen.